创业灯塔

创业者实战指南

全国移动互联创新大赛编委会 编著

電子工業出版社
Publishing House of Electronics Industry
北京•BEIJING

内 容 简 介

在大众创业、万众创新的时代，人们创业的热情空前高涨，但大家都知道，创业者创业成功的概率非常低，其主要原因是创业者对创业风险的估计不足，对创业应该具备的知识储备不足。本书以移动互联网为切入点，涉及开始创业前的准备，创业前怎么保护你的知识产权，怎么组建团队，股权怎么分配，财务人事怎么管，怎么做项目，怎么做市场，怎么控制风险，怎么融资……总之，在创业时可能遇到的方方面面的问题在本书都有涉及。由于本书编委会遵循的宗旨是请专业的人做专业的事情，所以本书的每一章都是请专业人士撰写，这是本书的最大特色。

本书是初次创业者的必读之书，也是创业者在遇到问题时的查询手册。另外，本书也适用于大学创业教育的学习教材。本书通俗易懂，每一个章节都自成体系，读者既可以顺序阅读，也可以在遇到问题时随时翻阅。

图书在版编目（CIP）数据

创业灯塔：创业者实战指南 / 全国移动互联创新大赛编委会编著. —北京：电子工业出版社，2016.11

ISBN 978-7-121-29959-9

Ⅰ.①创… Ⅱ.①全… Ⅲ.①创业－指南 Ⅳ.①F241.4-62

中国版本图书馆CIP数据核字(2016)第229079号

策划编辑：杨　璐
责任编辑：徐津平
印　　刷：保定市中画美凯印刷有限公司
装　　订：保定市中画美凯印刷有限公司
出版发行：电子工业出版社
　　　　　北京市海淀区万寿路173信箱　邮编：100036
开　　本：880×1230　1/32　印张：8.625　字数：220千字
版　　次：2016年11月第1版
印　　次：2016年11月第1次印刷
定　　价：49.00元

凡所购买电子工业出版社图书有缺损问题，请向购买书店调换。若书店售缺，请与本社发行部联系，联系及邮购电话：（010）88254888，88258888。

质量投诉请发邮件至zlts@phei.com.cn，盗版侵权举报请发邮件至dbqq@phei.com.cn。

本书咨询联系方式：010-51260888-819 faq@phei.com.cn。

本书编委会

主编：戴茗　艾鹏

撰写：（按章节顺序排序）

侯自强　淦南森　知果果公司　刘捷足

七八点公司　快法务公司　快创商学院

王鑫亮

前言

Enterpreneurship

这是一个变革的时代，这是一个创业的时代，有多少人怀揣创业梦想就准备开始行动了呢？且慢，有了梦想就能创业吗？你也许已经有了一定的专业知识，甚至，在某一领域有了领先的技术，但是，与创业相关的方方面面的知识你了解多少？你对市场、财税知识、知识产权了解吗？对团队的管理、人员的招聘和管理方面的问题了解吗？对投融资、股权分配了解吗？据了解，初次创业者成功率低，往往不是因为其对所创业的领域了解不够，而是因为其他非技术的因素。

为什么学生的创业成功率低？为什么投资公司更愿意投资给连续创业者？这是因为连续创业者有更多的经历和经验。创业可以使一个懵懂的初出校门的学生或者只有企业工作经验的员工飞速成长为一个运筹帷幄的CEO，这需要历练和不断试错。出版本书的目的就是希望成为创业者的人士通过阅读本书，能够缩短试错的时间，在走到创业的每一个阶段时能够少走弯路。

目前，创业教育类书籍多的是由没有经历过创业的人来撰写的，这类书可以将创业的过程写清楚，但是，其中的经验和教训是写不出来的。本书的特点就是让专业的人写专业的事，书中的每一章节都是由专业人士来写，书中不仅讲清了创业过程的每一步，更通过大量的案例着重讲解了在走出这一步时，可能遇到或应该注意的问题及相应的解决办法，使初次创业者不仅对创业的过程有感性认识，更可以在创业的初期，就能了解创业中最容易出现的问题，从而少走弯路。

本书既可以作为创业者的指导用书，也非常适合在校学生作为创业教育的入门图书。本书通俗易懂，各成章节，创业者完全可以在进行到相应阶段时，作为速查手册来使用。本书在讲述的每一阶段都引用了大量实际创业生涯中遇到的案例，并就创业者最常遇到的问题给出了思考题，对于思考题在现实中并没有一个固定的答案，主要目的在于可以让读者做进一步思考和探索。

本书是一本创业实操手册。但任何书籍都有其局限性，创业时遇到的问题是方方面面的，不可能通过一本书完全讲明白，大家可以通过扫描二维码进入相关页面，一来可以对书中涉及的问题做进一步探讨，二来对于阅读本书没有解决的问题，我们会有专业人士帮助解答和解决。

附：关于全国移动互联创新大赛

全国移动互联创新大赛（dasai.cemd.org.cn）是由中国通信学会和移动互联网产业孵化中心共同举办的针对社会创业者和大学生（分社会组和高校组）的一项赛事，大赛的宗旨是提高全民创新、创业的意识和能力，促进创新产品的市场转化。我们通过大赛搭建了从创意、创新到创业的桥梁；通过服务平台为创业者提供从财务、法律、知识产权、技术方案、供应链、外观设计、资金、孵化等全方位的服务；通过《创业灯塔——创业者实战指南》为创业者提供比较系统的创业知识，其目的就是希望更多有梦想的人，通过我们的帮助实现梦想。

全国移动互联创新大赛组委会副秘书长

戴茗

2016.7.18

目录

Enterprepreneurship

创业灯塔

Enterpreneurship

第1章 为什么创业

这是一个最好的时代，每个人都有自己的理想、追求、梦想，而每个人的前途与国家和民族的命运紧密相连。“互联网 +”“大众创业、万众创新”让“中国梦”人人触手可及，为中国经济带来了难得的“弯道超车”机会，帮助中国从“人口大国”、“制造大国”快速转型成为“创新大国”“制造强国”。在信息经济下，移动宽带、云计算、大数据、物联网和人工智能让过去看来是遥不可及的“创业”梦变成现实，创新成为经济增长的新引擎。

1.1 创新 2.0 和大众创业万众创新

信息通信技术的融合与发展推动了人们生活方式、工作方式、组织方式与社会形态的深刻变革，催生了信息经济，也推动着信息 / 知识社会的形成和创新模式的嬗变。无处不在的网络推动了知识的传递与共享，成为信息 / 知识社会形成和发展的重要基础。知识社会日益呈现出复杂多变的流体特性，传统的社会组织及其活动边界正在“融化”。传统的以技术发展为导向、科研人员为主体、实验室为载体的科技创新活动（创新 1.0）面临着挑战，以用户为中心、以社会实践为舞台，面向知识社会的下一代创新（即创新 2.0 模式）正在逐步显现其生命力和潜在价值。

创新 2.0 是以复杂性科学视角对信息与通信技术融合背景下的科技创新的重新审视。这是一种适应信息 / 知识社会，以社会实践为舞台，以用户创新、开放创新、大众创新、协同创新为特点的，以人为本的形态。从更宏观的视角来看，它是信息 / 知识社会条件下的创新民主化展现。在这一环境下，跨领域专家与大众参与的知识创新、应用创新与技术发展双螺旋驱动的技术创新，以信息化为载体的管理与制度创新相互渗透，互为支撑，互为动力，推动着科学研究、技术创新和管理与制度创新的新形态，并通过三者的协同和互动，共同塑造面向知识社会的下一代创新形态——创新 2.0。

创新 2.0 驱动经济发展模式转型、培养创业生态文明、改善民生保障、保持经济发展活力。大众创业、万众创新是在当代以互联网、大数据发展为代表的科技大发展条件下，以及在制度变革和政策创新作用下，中国社会生产力的又一次解放。30 多年来中国社会生产力大发展，劳动者所对应的生产资料已不仅是土地、工业制造设备等。现代科技的快速发展，以互联网为代表的新一代信息技术，使现今劳动者、生产资料和劳动对象的结合方式与过去相比有了极大变化，它使得大众创业、万众创新成为浩浩荡荡的大规模实践活动。

1. “大众创业、万众创新（双创）”——国家经济发展新引擎

过去 30 多年，中国经济主要依靠要素驱动实现了高速增长，在资源、环境等要素瓶颈制约日益凸显的大背景下，这种模式难以为继。与此同时，中国人均 GDP 还不到 8000 美元，仅相当于全球平均水平的 70%，发展对中国来说仍是第一要务。破解这一难题，必须加快从要素驱动向创新驱动转型，通过激发全社会的创新潜能和创业激情，不断提高劳动生产率，培育形成新的发展动能。大众创业、万众创新以互联网为工具和重要载体，发挥其集约高效特征，通过众创、众包、众扶、众筹等方式，实现人才、资本、创意的有机结合，使创新创业活动变得广泛活跃。将有力推动中国经济向创新驱动和绿色集约方向转型。大众创业、万众创新以其广泛参与性和渗透性，在基本经济运作层面上推动了不同发展阶段、不同技术水平和不同商业模式的融合。

推进大众创业、万众创新是实现创新发展战略的重要举措，是推进新一轮科技革命和产业变革的有效途径，也是我国当前稳增长、促改革、调结构、惠民生、打造经济发展新动能的重要引擎。

大众创业、万众创新体现人作为生产力系统中最活跃要素的巨大能动作用和深化改革对发展的巨大促进作用。大众创业、万众创新顺应了当代社会生产力和生产方式新变革，是对传统经济条件下创业创新的超越。大众创业、万众创新反映了当代信息化高度发展条件下技术范式的

深刻变化。

在“十三五”主要目标和重大举措中，创新是引领发展的第一动力，必须摆在国家发展全局的核心位置。深入实施创新驱动发展战略。启动一批新的国家重大科技项目，建设一批高水平的国家科学中心和技术创新中心，培育壮大一批有国际竞争力的创新型领军企业。持续推动大众创业、万众创新。促进大数据、云计算、物联网广泛应用。加快建设质量强国、制造强国。

2. 创业发展历程

我国 6 次创业浪潮具有鲜明特色，前 3 次传统创业浪潮依次为农村改革中的农民创业（1978 年）、科技体制改革中科技人员创业（1984 年）、改革开放下的社会主流精英创业（1992 年），后三次高科技创业浪潮依托互联网技术的迭代进化，由互联网精英创办的互联网公司、网商 / 服务商运营交易的电商网店、移动开发者和传统从业者共同推动的 APP 创业团队为代表。

1978 年十一届三中全会后出现的创办乡镇企业的创新浪潮，代表者如鲁冠球创办杭州万向节。

1984 年十二届三中全会后科技体制改革，科技人员下海创办科技企业。两通两海带动中关村电子一条街的兴起。联想以贸、工、技模式成为佼佼者。

1992 年邓小平南巡讲话进一步推进改革开放，社会精英、公务员等下海创业，如新东方、SOHO 等。

1998 年在互联网商业化大潮的推动下，一批互联网精英掀起互联网创业热潮，先有新浪、搜狐，后有 BAT（百度、阿里巴巴、腾讯）。

2005 年，中国网民数量突破 1 亿人，固定宽带普及，互联网进入快速发展期，BAT 相继上市。移动宽带 APP 模式和 O2O 的兴起，掀起了新一轮的互联网创业热潮，360、小米、乐视等相继涌现。

2015 年以“大众创业，万众创新”为指引的创业大军是新中国成立以来最大一次创业浪潮，这次以云计算、大数据、移动互联网为核心的创业显现出“小微化”、“生态化”、“去中心”、“低门槛”、“敏捷创新”的诸多特点。

3. 改革开放的红利，促进社会纵向流动和公平正义

大众创业、万众创新以其草根性成为普通大众收获新一轮改革开放红利的最直接与现实的实现方式。在工业化时代的市场经济条件下，创业和创新所需要的资金、技术高门槛，不是普遍大众能轻易迈过去的。现今互联网的广泛应用和低门槛使机会平等有了更为有利的基础。依托于“互联网 +”的创业和创新无处不在，普通大众都可以参与其中，并找到获得成功的机会。今天，推进大众创业、万众创新，就是让更多的人富裕起来，让更多的人实现人生价值，这有助于调整收入分配结构，打破一些人垄断权力和财富的情况，促进社会公平。这也会让更多年轻人，尤其是贫困家庭的孩子有更多的上升通道。

4. 扩大就业，开拓新的就业机会，为不同的群体提供机会

推动大众创业、万众创新，既可以扩大就业、增加居民收入，又有利于促进社会纵向流动和公平正义。

作为人口和劳动力数量第一大国，在农业就业人员比重逐步降低的大形势下，随着工业技术和劳动生产率的提高，资本密集型、劳动密集型工业已难以有效解决新增就业问题，必须通过吸纳劳动力能力较强的服务业加快发展来创造更多的就业机会。2005 年至 2014 年我国就业人员从约 7.46 亿人增加到 7.72 亿人，其中，第二产业增加了约 5300 万元，而第三产业增加了约 7800 万元。

当前，我国经济发展进入新常态，处于动能转换“衔接期”，确保就业稳定面临新的机遇和挑战。要坚持实施更加积极的就业政策，突出抓好高校毕业生、就业困难人员等重点群体就业；坚持以大众创业、万众创新拓展就业空间，以服务业、新兴产业加快发展扩大就业容量；坚持简政放权、放管结合、优化服务，用改革的办法搭建更优创业平台，用市场的力量创造更多就业机会，推动经济持续健康发展，促进社会公平正义。

我国各类高校在校人数超过3500万人，每年有700多万名高校毕业生，蕴藏着巨大的知识和创新能量。我国每年有大量国外留学人员回国创业，将成为创新创业的生力军。大众创业、万众创新也为广大农民工创业创新提供广泛的机会。各种创业者能力不同，位置不同，都有机会平等参与，实现自己的梦想。

1.2 “互联网+”与创业创新

“互联网+”是把互联网的创新成果与经济社会各领域深度融合，推动技术进步、效率提升和组织变革，提升实体经济创新力和生产力，形成更广泛的以互联网为基础设施和创新要素的经济社会发展新形态。在全球新一轮科技革命和产业变革中，互联网与各领域的融合发展具有广阔前景和无限潜力，已成为不可阻挡的时代潮流，正对各国经济社会发展产生着战略性和全局性的影响。积极发挥我国互联网已经形成的比较优势，把握机遇，增强信心，加快推进“互联网+”发展，有利于重塑创新体系、激发创新活力、培育新兴业态和创新公共服务模式，对打造大众创业、万众创新和增加公共产品、公共服务“双引擎”，主动适应和引领经济发展新常态，形成经济发展新动能，实现中国经济体制增效升级具有重要意义。

“互联网+”和大数据在带来传统重构的同时，更催生了无数的商业机会和盈利空间，它把人重新组织进新的财富创造体系之中。今天，互联网创新成果和社会各领域深度融合，形成了以互联网为基础平台的创新要素的发展新形态。“互联网 +”在关键产业都可以找到深度融合和成长的空间，给企业提供了一个新的发现价值、创造价值、解决问题的路径，也改变了消费者的需求内容、需求结构和需求方式。商业模式的创新则带来了人们传统商业思维和商业逻辑的变革，引发人们重新思考不断变化的商业模式中的资源、价值、结构、关系和边界。这些都为大众创业、万众创新提供广阔的发展空间。

发挥大众创业、万众创新和“互联网 +”集众智、汇众力的乘数效应。打造众创、众包、众扶、众筹平台，构建大中小企业、高校、科研机构、创客多方协同的新型创业创新机制。“众创”是指通过创业创新服务平台聚集全社会各类创新资源；“众包”是指借助互联网等手段，将传统由特定企业和机构完成的任务，向自愿参与的所有企业和个人进行分工；“众扶”是指通过政府和公益机构支持、企业帮扶援助、个人互助互扶等多种途径，共助小微企业和创业者成长；“众筹”是指通过互联网平台向社会募集资金更灵活高效满足产品开发、企业成长和个人创业的融资需求。“四众”旨在优化劳动、信息、知识、技术、管理、资本等资源的配置方式，为社会大众广泛平等参与创业创新、共同分享改革红利和发展成果提供了更多元的途径和更广阔的空间。

在企业内部，也可以建立新的创新机制。在传统体制下，员工自由度较小，缺乏自主性和创造力。从 2014 年开始，海尔正从产品制造企业向孵化创客的平台转化，让每位员工由被雇佣者、执行者变为创业者、动态合伙人，每个小微创业团队自挣自花，还积极引入外部风投，创新活力被充分激发出来。

1.3 政府的政策支持

创业企业面临的挑战和问题，按影响程度依次是人才缺乏、资金困难、市场开拓困难、同类产品太多/竞争激烈、人力/房租等各种成本连年上涨。各级政府部门有针对性的将工作重点放在就业创业的政策生态体系建设上，以互联网思维思考和解决创业帮扶问题，正在逐步完善配套政策。各地政府、产业园区应逐步加强互联网创业生态中人力资本、金融资本、基础设施、商业环境四个维度建设，政府、产业园区、互联网开放平台一体化联营，共同向小微企业开放各种科技资源、金融资本、配套环境、传统行业升级的创业就业机会。加大财政资金支持和统筹力度。各级财政将根据创业创新需要，统筹安排各类支持小微企业和创业创新的资金，加大对创业创新支持力度，强化资金预算执行和监管，加强资金使用绩效评价。支持有条件的地方政府设立创业基金，扶持创业创新发展。在确保公平竞争的前提下，鼓励对众创空间等孵化机构的办公用房、用水、用能、网络等软硬件设施给予适当优惠，减轻创业者负担。

从2013年5月至2015年6月短短两年时间里，国务院、财政部、工信部、科技部、人社部、商务部、银监会、证监会、工商总局、国家知识产权局等十余个国家主管机构频繁发布了23项大众创业创新（简称“双创”）的“国字头”指导意见，平均每月发布一项，“大众创业、万众创新”的“双创”精神与“互联网+”行动计划在全国遍地生根、发芽、开花、结果，持续推动我国“双创”的发展。

国务院决定建立推进大众创业、万众创新部际联席会议制度以贯彻落实《国务院关于大力推进大众创业万众创新若干政策措施的意见》有关精神，进一步加强统筹协调，形成工作合力，共同推进大众创业、万众创新蓬勃发展。

1.4 正在形成的良好的支撑环境

1. 融投资环境

大众创业、万众创新主要的融投资方法是众筹。众筹分为产品众筹和股权众筹两种。2015 年 9 月底，国内众筹平台为 338 家，其中 186 家为股权众筹平台，其余 142 家为产品型众筹。其中，43 家已经关停，7 家转型，正常运营的平台到 2015 年 9 月底有 288 家。主要分布在北京、上海和广东地区，其中，北京以 64 家占据全国城市首位。

产品众筹前三名的平台分别是京东众筹、淘宝众筹和众筹网。其中，项目最多的是众筹网，融资额度最高的是京东众筹，三家众筹的融资总额度已经占据了市场的 90%。

私募股权众筹已经被命名为“互联网非公开股权融资”。2015 年，市场中活跃的互联网非公开股权融资平台的募资模式基本相同，都采取了“平台展示＋投资人打款”的方式。一些风控意识较为严格的平台会针对自融现象，加入银行托管融资资金的方式作为风控策略链的一环。筹资发起人在募资过程中，需要通过各种方式展示自己的企业或产品。目前，常见方式包括网页展示、视频展示、线下路演与投资人约谈等。

截至 2015 年年底，中国互联网非公开股权融资平台数已有 141 家，其中，2014 年和 2015 年上线的平台数分别有 50 家和 84 家，占互联网非公开股权融资平台数的 35.5% 和 59.6%，2014 年和 2015 年成为互联网非公开股权融资行业“井喷”的年份，京东、阿里巴巴也在 2015 年加入到互联网非公开股权融资行业中。截至 2015 年底，中国互联网非公开股权融资平台累计成功众筹项目数达 2338 个，其中，2015 年成功众筹项目 1175 个，占全部众筹数目的五成，股权众筹累计成功众筹金额近百亿元人民币，其中，2015 年成功众筹金额为 43.74 亿元人民币，占全部众筹金额接近一半。

国内互联网非公开股权融资平台如下。

创投圈 vc.cn，互联网股权融资平台累计融资额超过 30 亿元。

天使汇平台，融资总额近 50 亿元，其中，知名案例有滴滴打车、大姨吗、黄太吉煎饼等。

牛投网，以“社群 + 众筹”为特色的非公开股权融资平台。可披露成交金额达到 5443.8 万元。

智金汇，由国际知名投资机构 CA 创投孵化的互联网股权投资平台。

京北众筹股权众筹平台，可披露成交金额达到 6357.7 万元

36 氪，非公开股权融资平台已经融资近 3.3 亿元人民币，帮助 40 家创业企业众筹成功。

2. 创客空间

2015 年 3 月 11 日，国务院办公厅印发“众创空间”纲领性文件——《关于发展众创空间推进大众创新创业的指导意见》。国家层面首次部署“众创空间”平台，支持大众创新创业。《意见》提出目标到 2020 年，形成一批有效满足大众创新创业需求、具有较强专业化服务能力，同时又具备低成本、便利化、开放式等特点的众创空间等新型创业服务平台。众创空间是顺应网络时代创新创业特点和需求，通过市场化机制、专业化服务和资本化途径构建的低成本、便利化、全要素、开放式的新型创业服务平台的统称。这类平台，为创业者提供了工作空间、网络空间、社交空间和资源共享空间。

2014 年，全国科技企业孵化器数量超过 1600 家，在孵企业 8 万余家，仅就北京市而言，各类孵化机构超过 150 家，国家级孵化机构 50 家，入驻企业超过 9000 家。中关村创业大街共入孵 400 多个孵创业团队，获得融资的团队超过 150 个。北京市率先启动众创空间的认定工作，3 月对北京创客空间、创客总部、东方嘉诚等 25 家创业服务平台认定为众创空间，同时授予中关村创业大街“北京市众创空间集聚区”的称号。

5 月，北京众创空间联盟成立，将推出“首都创业导师志愿服务团”，组织北京市优秀创业服务机构的代表、投资机构的代表等，与相关有需求的省市进行对接，在京外开展关于促进“大众创业、万众创新”的科技合作，促进首都创新创业资源向全国的辐射。随后，创新创业氛围较为活跃的地区也纷纷出台支持众创空间发展政策，并相继开展众创空间的认定，全国已被授予众创空间数量突破 100 家，并依然呈现快速增长之势。

3. 开源社区

“开源中国”是我国最大的开源软件社区，创业者需要的软件都可以从那里得到。从编程语言（Java、C/C++ 等）、Web 应用开发（HTML5 开发相关 、REST/RESTful 项目等）、手机 / 移动开发（Android UI 组件、iOS/iPhone/iPad 开发包等）、iOS 代码库、开发工具、jQuery 插件、建站系统（网店系统 / 电子商务、SNS 社交网络 / 交友平台）、企业应用（大数据、开源医疗项目、人力资源管理）、服务器软件（Apache 模块、XMPP 即时通讯、云计算等）、数据库相关（数据库服务器、NoSQL 数据库、MySQL 衍生版等）、应用工具（浏览器、IM/ 聊天 / 语音工具等）、插件和扩展、游戏 / 娱乐到管理和监控（系统监控、网管运维工具，SDN / Openflow 等），以及其他开源产品（硬件驱动 / 工具、开源家居、物联网、开源汽车 / 车载系统等），应有尽有。

市面上流行的两款开源硬件平台分别是 Arduino 和 Raspberry Pi，其价格实惠（200 元左右）可以广泛应用于电子产品开发工作中。创客使用最多的是 Arduino，它有许多种规格（不同尺寸和特性）。Arduino 拥有庞大的社区用户、大量的示例项目和教程，并且可以轻松地与其他外部设备连接。可以方便地与不同的传感器进行交互，而且不需要设计其他电路。另外，一个是树莓派 Raspberry Pi，它实际上是一个嵌入式全功能计算机，是一个很好的平台。还有一款 BeagleBone 使用的相对少一些，是一款强大的 Linux 电脑，兼容性很好。但是要贵一些（500 元）。这些开源硬件可以方便地在淘宝网上买到。深圳有非常好的硬件创业生态系统。深圳矽递科技有限公司（Seeed studio）是全球第三大开源硬件制造企业，从 2008 年以来已经服务了全球约 200 万名创客。富士康也在 2014 年 4 月建立了一个专门为创客服务的工厂——InnoConn，能为创客生产个性化产品，且没有数量下限。

4. BAT 的开放平台

创业创新要成功，速度与执行力是关键。B2D (Business to Developer) 通过丰富的 API、精简的 SDK 帮助开发者在自己的移动应用上融入特定功能。拥有丰富 B2D 服务的“开放平台”是移动开发者“敏捷创新”的加速器。BaaS (Backend as a Service) 平台上的创业者可以将有限的启动资金、人力、时间专注于核心业务上，形成最短路径、最快速迭代的“创新最小闭环”。企业级 B2D 平台正是“大众创业，万众创新”的“催化剂”，主流 B2D 开放平台有阿里百川、腾讯开放平台、百度开放平台、小米开放平台、360 移动开放平台等，数百万 APP 移动应用基于开放平台共享组件开发，并且 BAT 开放平台兼具技术服务（组件服务、账号服务、数据服务等）与创业配套服务（创投基金、孵化器、推广渠道等），另外，繁荣的开放平台上会形成“应用服务市场”与“数据洼地”，前者类似于 AppStore 的 B2D、D2D 的应用交易，后者构建起移动应用与平台间的“数据流动闭环”，开发者与平台运营者以安全恰当的方式，共同利用平台生态圈数据不断沉淀商业价值。

2014 年下半年以来，BAT（百度、阿里、腾讯）陆续推出了创业中心或创业基地。其中，百度在成都、厦门、天津三地相继开设区域性开发者创业中心；腾讯在北京、上海、武汉相继开设创业基地；阿里宣布无线开放战略，启动“百川计划”，将在北京、广州、上海、杭州和成都等五地对开发者提供场地支持。

以百度天津中心为例，提供百度云平台、技术指导、审计、财务和法务服务，还可获得百度总部技术支持，对创业团队进行一对一导师指导。入驻腾讯创业基地的团队，可享受曝光流量支持、多平台能力开放、变现能力培训等服务，甚至还可享有 30 万元 ~50 万元资助。阿里的“百川计划”则从技术、数据和商业全链条提供基础服务。优秀者还可获得阿里自由资本投资。

电信公司面向内部员工征集创新项目和团队，主要涉及移动互联网、云计算、电子商务等领域。

华为（前海）创新孵化基地，主要提供减免的办工场所。该基地侧重于互联网、智能硬件与机器人领域。

联想扶持建立的联想之星主要孵化领域为科技。提供创业培训、天使投资、开放的合作平台。

1.5 数风流人物还看今朝

今天在中国对于创业创新者而言可以说是天时地利人和，确实是最好的时代，大家都有平等的竞争机会。各级政府将大众创业、万众创新作为国策大力推行，各种配套政策不断完善落实。投融资环境不断完善，各种创业空间、孵化器和培训班如雨后春笋大量涌现。开源硬件开源软件社区和完整的生态系统大大降低了技术门槛。BAT 等互联网公司和 IT 公司开放云平台为创业创新者进入市场提供了捷径。

中国的创业创新环境吸引了全球创新界和媒体的注意。创新工场董事长兼 CEO 李开复说：“现在全球互联网的格局是中美两强，美国顶尖互联网公司的估值之和接近中国顶尖互联网公司估值之和的 3 倍”。未来这一局面有可能被逆转甚至颠覆，中国有可能超越美国。中国市场大，传统产业不够发达为创业创新提供大的发展空间，而中国执行新政策的速度快、力度大会带来很多商机，非常有利于创业。国内整个创业生态系统正在快速崛起和完善，为创业创新提供强有力支撑。比如，创新工程 6 年来就发展建立了从天使早期、孵化器、A 轮、B 轮成长轮、私募二级市场到上市新三板完整的生态链。

国际研究组织“全球创业观察”的调查结果显示，尽管各年份有所差异，但中国的成年人中，有13%~24%的人要么是在准备创业，要么是创业42个月以内的早期企业家。创业情况可以说非常活跃。

日本产经新闻在报道中国大众创业、万众创新，盛赞深圳的创业创新时指出：这其中有不少创业成功的典范。比如，全球最大的消费级无人机生产商大疆创新科技有限公司，就是一家由三名在香港科技大学读书的中国内地研究生于2006年创办的企业。该公司首席执行官汪滔在大学四年级时便制作出了飞行控制器，此后开始创业。当初，该公司在广东省深圳市租借了一套很小的公寓，员工只有五六个人；而到2015年8月，该公司员工人数已超过4000人。

大疆创新总部所在地深圳，拥有培育制造业创业公司的优越环境。2015年6月，深圳成立了“华强北国际创客中心”。所谓“创客”，是指打算创办创业公司的人。该中心的目的是为创客们提供支持。这里不仅配备了3D打印机等各种电子设备，而且还扮演天使投资人的角色，可提供20万元~200万元范围内的创业资金。大众创业、万众创新政策提出后，像该中心这样的创业支持设施在中国各地纷纷涌现。

报道称，在中国，民营企业在成长过程中遇到的最大苦恼在于，很少有金融机构愿意向民营中小企业提供贷款。为打破这种金融业现状，中国政府允许民间资本进入银行业。于是，科技巨头阿里巴巴、腾讯等迅速成立了互联网银行。

阿里巴巴设立的网商银行是只提供500万元以下小额贷款的银行，贷款对象包括电商卖家、农村企业家、互联网相关新企业等。据说，如果有贷款申请，那么该银行可以利用云计算立刻回复能否提供贷款。另外，腾讯公司设立的微众银行是一个存贷款均通过计算机和智能手机来操作的特殊银行，经营方针似乎也是只提供低息小额贷款。这种崭新的银行尝试到底会取得多大成果尚不得而知，但值得注意的是，支撑大众创业的金融机制正在逐渐形成。

美国“连线”杂志2016年1月发文“中国从山寨大国发展为创新中心”指出：“中国正在从山寨大国发展成为创新中心，而互联网服务和硬件是其中的两大热点。一方面，中国新一代互联网公司愿意支持创新的理念，同时也更熟悉本土市场。另一方面，中国的硬件创新有着工厂资源优势，对于快速产出高质量产品更胜硅谷一筹，因此，吸引了全球各国创业者。”“对于有梦想的人来说，中国已然成为创新圣地，堪比此前一代人眼中的硅谷。”

“自国家提出双创以来，中国各大城市充满着创新者和创业者，他们聚集在软件加速器或黑客空间里。他们的目标不是挤进谷歌或苹果。与硅谷的年轻人一样，他们希望创造出下一个谷歌或苹果。

任何人只要有想法、有经验，就能筹集到资金。2015年，风投对中国创业公司的投资达到创纪录的155亿美元。创业者能得到的不仅是充裕的资金，还包括成功天使投资人的有用建议和指导（这一数字仍低于美国的水平，美国2014年风投总额达到480亿美元）。甚至中国政府也拿出了650万美元，扶持创业公司。在20年的快速发展后，中国经济增长正在减速。在这样的情况下，中国政府正努力创造有吸引力的新工作岗位，而科技行业很符合这一标准。

近期快速发展的领域包括在线服务和硬件，小米和微信都是其中的佼佼者。在中国市场，本土公司有一系列优势，比如，更熟悉国内用户的习惯，更容易接触到客户原本是欧美公司的一流制造体系，以及更接近全球增长最快的其他市场，比如印度和东南亚。一系列有利因素帮助他们在各自领域击败欧美竞争对手。比如，小米2015年是全球排名第四的手机厂商，仅次于三星、苹果和华为。”

“中国网络服务的创新热已具备一定规模，甚至可以说，在硬件领域，中国比美国有着更明显的优势。在过去30年中，中国成为了全球的制造业中心，而深圳和广州等沿海城市遍地都是电子厂，其中，既包括两三名工人的小作坊，也包括富士康拥有3万名工人、代工iPhone的大厂。关于产品制造，这些工厂有着丰富的经验。因此，中国国内的创业者几乎必然会利用这种优势。

由于靠近工厂，或是接近电子商城，中国创业者可以最先知道硬件行业的新趋势。比如，他们会率先知道，某种新传感器能收集新的数据形式，或是某种现有传感器价格大跌，因此，可以被大范围使用。”

随着大众创业、万众创新的深入发展，开始出现大批连续性创业者。最好的创业者一定不是第一次就做成功的，可能是第二次、第三次做成功的概率更大，因为他经过实际实践、学习增长了经验。比如，创新工场6年前开始的时候，很难找到连续性创业者，现在基本上非常多，已经投的项目可能有三分之二都是连续性创业者。这批人成功概率更高，已经学到很多东西，可以直接进入执行阶段，更受投资者的青睐。这也表明整个生态系统在健康发展。美团CEO王兴就是一名连续创业者，多年来一直紧跟中国创业公司的创新潮流。他曾开发过“中国版Facebook”和“中国版Twitter”。最终,创办美团网成功打造了O2O业务。对创业者而言，保持一个平稳的心态，百折不挠的精神是非常重要的。

Enterpreneurship

第2章 梦的起点：创业前的准备

2014 年 9 月，国务院总理李克强第一次在达沃斯论坛提出“大众创业、万众创新”，显示着鼓励创业已经成为国家战略。也就是这个月，本着“让天下没有难做的生意”使命的，占据国内电子商务市场绝对优势、史上最大的 IPO——阿里巴巴在美国纽交所上市。而颇具传奇色彩，在国内已经成为国人创业偶像的马云成为了中国当时的首富。

2015 年火热的趋势还在继续，各地孵化器纷纷建立，不少大型企业也纷纷建立自己的众创空间，搭建生态体系，不少部委、地方政府、创服机构纷纷举办各类创业大赛，创业项目满天飞，一些传统企业的老板、大企业的高管、成功上市的创始人也纷纷掏出钱成立自己的投资机构，国家也出台引导基金支持创新创业。有人说：

这是最好的时代，这也是最坏的时代；

这是创新的时代，打破枷锁，颠覆突破；

这是创业的时代，群星闪耀，百花齐放；

这是投资的时代，雄心壮志，豪掷万金。

创业到底为了什么？为了伟大的梦想，为了创造伟大的公司？还是为了解决生存压力，为了实现财富自由，每一个投身创业的人都有自己的答案。资本是逐利的，但是，天使投资人说自己还是有情怀的，所以叫天使。但是，创业九死一生，谁能与你不离不弃，如何能平衡幸福的生活与快乐的工作？如何能不忘初心，获得始终。答案就是要做到懂得创业的常识。

2.1 创业的常识你知道吗

2.1.1 什么样的人适合创业

尽管我们鼓励大学生创业，但是，我们还是倡导应该理性创业。适合创业的人首先必须有很强的心理承受能力，因为，创业路上会遇到很多艰难险阻，很多创始人都跟笔者说过，如果知道创业如此艰难，再让他们重新选择的话，肯定不选择创业。不止一个创始人跟笔者说过，他们都曾经遇到过灾难，突然发现公司走进死胡同了，突然对未来失去信心了……因此，创业者需要有自我心理调节能力，善于释放压力。同时，善于与别人沟通，能够团结人，具有很强的团队精神。创业者一般都需要有很强的学习能力，因为在做着一件创新的事情，创业公司分工不会那么细致，因此，基本上什么都要会做，当然什么都要去学。尽管90%以上的人不适合领导创业公司，但是，还是可以加入创业公司，贡献自己的智慧和才能，也有机会享受双创时代的改革红利。

1. 成功的创始人具备什么特征

（1）正直

成功的创始人首先要为人正直，有好的人品，这是前提条件。做事先做人，如果人品有问题，那一定走不远。

（2）远见

创始人必须富有远见，有开阔的视野，不能短视。不能总是低头干活，而不抬头看路，那样容易迷失方向，干得很辛苦，但是结局不妙。

（3）学习

创始人还必须要有极强的学习能力，滴滴的创始人程唯就是一个非常善于学习，又具有很强的学习能力的人。滴滴的投资人对程唯最大的感触就是，几个月不见程唯，就会发现他有很大进步，无论是视野、谈吐还是管理能力都会有极大改变，正是有这样的学习能力，才使得他能够不断吸引优秀的人才加盟，自己本人才能够管理一个超过千亿元市值的公司。

（4）信心

创始人还要对自己创立的事业具有坚强的信心，在困难的时候，在企业面临艰难抉择的时候，在企业的内部管理出现问题，外部竞争环境恶劣的情况下，创始人的坚定信心，一定是团队能够坚持走下去的最重要的动力。

（5）格局

创业是一场马拉松，创业过程中不但要与团队成员有良好的合作，还要与外界合作伙伴达成共识、密切合作，因此，创始人要有格局，要有大局意识，千万不能小家子气，这样才能团结更多的人一起去实现公司的战略目标。

（6）应变

奥巴马就任美国总统，提出的关键词就是“改变”，当今世界是一个极具变化的世界，无论是新的技术变革，还是客户需求，无论是政策环境，还是经济形势，都在不断变化。商场如战场，也是瞬息万变，作为创始人必须要有极强的应变能力，可以迅速决策，找到应对办法。

（7）坚毅

创业的路就像黄河的水九曲十八弯，沟沟坎坎不断，创始人必须具有坚毅的品质，百折不挠的意志，才能带领团队克服重重困难，奔向胜利。

（8）勇气

有人说创业就是一条不归路，决定开始创业了，就意味着原来稳定安逸的生活消失了，就意味着要不断面临不确定性，不断面临抉择，不断面对风险，创始人一定要有闯关的勇气，一定要有战胜困难的勇气，这种气势是团队坚持的坚强后盾。

（9）勤奋

创业艰辛，要学的东西很多，要做的事情很多，俗话说，勤能补拙，但是，往往越是优秀的人会越勤奋，越会把时间安排得非常紧凑，时间价值很高，作为创始人必须要勤奋，一方面可以处理更多的事情，一方面也会建立公司的文化，对于带领团队成长是很有帮助的。

这就是作为成功的创始人具备的九大优秀品质。

2. 创业成功的关键

创业成功有三个重要的关键。

（1）首先是人和，团队很重要，当然优秀的创始人更重要，核心团队成员具有互补性，最好有曾经磨合工作的经历，彼此比较了解和信任，因为创业其实是需要背靠背的信任。同时，团队里一定要有老大，股权不能平均分配，这已经被无数案例证明了，因此，老大占大股，甚至控股，更能保证在创业出现重大抉择时能有人做决策，而且这样的团队更容易获得投资人的青睐。

（2）然后是天时，进入的时机很重要，有时候运气也占很大成分，中国移动互联网的主流用户依然是低学历、低收入、低年龄的，他们没有资源，没有背景，这批人最早没有计算机，只有手机。为什么YY、唯品会、58同城这些公司去美国上市，因为中国的这些主流用户支撑着他们，他们是消费的主流。因此，进入的时机很重要，在基础技术和用户接受程度成熟之前，过早进入有可能成为先烈。只有踏上风口，才能有机会成为先驱。

（3）最后是地利。现在是双创时代，每天都有成千上万个公司成立，在移动互联时代，三个月就是一年，移动互联网时代产品需要快速反应、快速迭代，永远跑在巨头的前面才有机会。而想要在竞争中获胜，唯一的法宝就是要有核心竞争力，要能建门槛，有壁垒。这个核心竞争力应该是一系列具有独占性、稀缺性的核心资源与系统性能力的组合体，针对不同竞争对手和竞争环境，这个组合会动态变化，独占资源包括核心技术、品牌、战略不动产、专利、可垄断的生产要素、重要信息渠道等。系统性能力是指需要时间和经验去积累去完善，具备较强独立性，不能靠砸钱瞬间火的能力，包括标准化体系（生产流程、管理运营体系）、IT系统、品质控制能力、技术、工艺、文化、信用等。

2.1.2 决定初创公司生死的十大指标

1. 经常收入与总收入

从公司收入占比的渠道来说，分成两种，一种是来源于产品的销售收入，一种是来源于提供劳务的服务收入，投资人更愿意给经常收入来源于第一种的公司更高的估值，因为这种公司只要产品得到市场认可，更容易快速复制和扩张，而劳务输出由人来提供，有天花板，不是经常再生性，利润率更低。比如，一般咨询公司都是靠咨询师提供咨询服务获得收入，主要靠人，很难复制，而苹果手机通过销售手机获得收入，生产出来后，可以快速复制与扩张。

ARR（年度经常性收入）剔除了所有一次性（非再生性）的收了及专业服务的收入，要看看每位客户的年度经常性收入的发展曲线是水平还是向上的；MRR（月度经常性收入），人们往往把一个月的预定收入乘以 12 误以为是年度经常性收入，错误在于将非经常性费用算进去了，包括硬件、设置、安装、专业服务等，并且，把预订等同于收入。预订只是发生在公司和客户之间的某份承诺性协议，更多的是反映客户愿意成为公司客户的一种保证。

所谓经常性收入是指公司的主营收入，比如，手机厂商的主营收入是来自手机销售获得的收入，如果因为他做了某个理财产品获得收入，或者获得政府补贴，那么都是偶发性收入，不是经常性收入。

2. 毛利润

毛利润是可以反映产品或者服务的获利能力的重要指标，毛利润含有的部分，会因公司的产品不同而有区别，但是，通常会包括制造生产、配送、产品服务等成本，因此，要心中有数，包括什么？剔除什么？计算毛利润的意义在于，如果不做该（笔）业务，那么一些资源就会被浪费或仍然会消耗，利润就会变成负值；如果做该业务，那么就可能赢利或减少亏损。

3. 合同总价值与年度合同总价值

合同总价值 TCV（Total Contract Value），它的周期可长可短，它是指合同的签约金额，这里面包括一次性收费、专业服务、经常性收入等。年度合同价值时间是确定的，就是 12 个月。这里涉及是每个月稳定的收入，还是有一笔大单子？年度合同价值在增长吗？如果是的话，那意味着你的产品在不断改进，客户也愿意为此买单。年度合同总价值更多反应的是某一笔业务的价值，而年度合同价值更多的是反映公司的业务能力，其变化是反映公司的业务成长性。

4. 客户终生价值

客户的终生价值是指公司和客户之间一直存在商业关系期间，未来客户给公司带来的净利润反推到现在所产生的价值。这可以帮助公司进一步确定客户给公司带来的总收益是什么，或者说是剔除了客户获取成本之后获得的收益。人们经常会认为客户终生价值是指收入的现值，或者说是客户所带来的毛利润，这是错误的，应该是在有效的商业周期内，客户能给带来的净利润。

每个客户所带来的收入（每月）＝平均订单价值 × 订单数量

每个客户贡献利润率（每月）客户所带来的收入减去客户有关的可

变成本。可变成本包括销售、行政管理，以及其他一些服务于客户的成本。

通过 LTV 值，可以推算客户对公司的利润贡献率有多少，可以帮助公司在客户获取成本上确定一个上限。LTV 利润贡献率 / CAC（客户获取成本）可以帮助公司计算客户获取成本的投资回报期。

每个客户的价值都由 3 部分构成：历史价值（当前已经实现了的客户价值）、当前价值（如果客户当前行为模式不发生改变的话，那么将来会给公司带来的客户价值）和潜在价值（如果公司通过有效的交叉销售可以调动客户购买积极性，或促使客户向别人推荐产品和服务等，那么可能增加的客户价值）。比如，苹果手机的客户，很多人会不断迭代更新自己的手机，同时，还有可能购买 iPad、Mac，购买 AppStore 上的付费应用。只要他不中断使用苹果产品，就一直是苹果的客户，其支付的费用就是客户终生价值的一部分。

5. 总商品价值与收入

在市场中，人们往往混用，但是，总商品价值 GMV 是指平台上在一个时期内所有的交易总额，反映的是平台对流量的吸引，交易平台的收入是指从 GMV 中的提成收入，广告收入或者其他增值服务收入。

比如，淘宝上买家与卖家交易发生的交易额是 GMV，但是，在淘宝上的广告收入、销售提成、技术服务收入等属于收入。

6. 混合型客户获取成本（CAC）与内生增长客户获取成本

客户获取成本是指获取客户的全部成本，它应该包括中介费、折扣等费用，这些往往是建立在获取单个客户的基础上。

来自不同渠道的客户获客成本应该区分开，有的客户属于自然增长获得客户，Paid CAC 是指通过已支付的营销推广费用而获得的那部分客户。

CAC＝消费总费用 / 期间新增客户数

有一些客户是通过口碑相传自然增长而来，一些客户是因为进行了市场推广而获得，要把来自不同渠道的客户区分开来。

这就是为什么投资人更加重视的指标是：已支付营销预算下的 CA=总获取成本 / 通过已支付的营销活动而获取的新增客户。这样可以帮助公司评估营销费用的价值，以及其和利润之间的关系。

还有很多投资人喜欢同时注意这两个指标，不管是混合型 CAC 还是已支付的 CAC 他们都喜欢。投资人同样还关注公司如何凭借微信等社交媒体这样的渠道来获得客户，所花的成本应该是多少？

有一个现象值得注意，往往这样的成本会随着公司尝试接触到更广泛的人群而直接飙升。如果你获得第一批 1000 个客户只花了 5 元的话，那么接下来要获得第二批 10000 名客户的成本可能是 10 元，获得接下来 10 万名客户的成本是 20 元 ~50 元。因此，必须分析在每个渠道到底会有多少潜在客户。

7. 活跃用户

各公司对“活跃”的定义往往不太一致，有可能会存在一些错误的统计。比如，把首次进入的大量活动用户，以及使用一次产品便会流失的用户考虑进来。

我们应该充分考虑每家公司对活跃的定义，以及确定背后的组成因素是否合理。

一般来说，活跃用户是相对于“流失用户”的一个概念，是指那些会时不时光顾一下网站，并为网站带来一些价值的用户，或者某个移动应用的注册用户，时不时地使用 APP 应用，很多公司对活跃用户的定义有不同的标准。他们为了吸引眼球，为自己的运营方案服务，往往有意拉长统计时间段。比如，统计周活跃用户、月活跃用户数等。

8. 客户流失率

客户流失率的统计很重要，投资人一般会看以下指标。

单位月流失率＝流失的客户／上个月客户总数

总流失率＝在指定的某月内发生的［月度经常性收入（MRR）的损失］／该月月初所保持的［月度经常性收入］

净流失率＝在指定的某月内发生的［月度经常性收入（MRR）的损失］—追加销售所带来的经常性收入／该月月初所保持的［月度经常性收入］

这两者是有区别的，前者表示公司所遭受的实际损失，而后者却忽略了净收入流失率的真实情况，因为它把追加销售加进去了，把追加销售和绝对流失量给混在一起了。

9. 烧钱速率

烧钱速率指的是用以支撑公司运营的资金的减少速度。

月度烧钱率＝一年起初资金额—月末资金余额

这里要分清楚净烧钱率和总烧钱率两个概念的区别。

净烧钱率＝收入总额—总烧钱率

这是比较精准的计算公司可以支撑运营的资金的唯一指标。

投资人会看总烧钱率，重点是每月的开销，但是，同时也会看净烧钱率，因为加上收入，会让月度烧钱率是一个变动的值，这也可以让投资人看清楚，企业的经营现状和未来前景。

10. 下载量

下载量一般是指 APP 的下载数，这个指标有些虚，更多地会考虑 APP 的注册数或者网站的注册数，投资人希望看到客户留存率，看到客户的参与互动度，这些更重要。这可以通过月活或者日活数据来体现。

以上的指标只是初创公司重要的部分指标，我们可以通过累积图表，成长性图表来展示数据，投资人会按照自己的投资逻辑梳理指标的权重，以便对初创公司有一个评估。

2.2 如何选择创业方向

2.2.1 选择符合趋势的方向

创业首先需要选择方向，而选择一个符合趋势的方向至关重要，当今的中国有三个趋势会持续 5 年 ~10 年，甚至更长。

1. 消费升级

中国的经济进入新常态，我们 GDP 的增长已经破七，呈现向下趋势，“供给侧改革”已成为一个热门词汇，所谓供给侧改革，也有很多是因为消费升级的缘故，致使旧的产能不再适应新的需求，这才出现国人组团去日本买马桶盖，出国旅游团往往都是出国扫货团。高铁刚建成的时候还有不少非议，说高铁那么贵，有人坐吗？但是，高铁建成没多久，想买二等座难，甚至连一等座也不容易买。国人整体的消费水平在上升，中产阶级的消费能力在提升。

前段时间被李克强总理肯定的，上海发展最快的创业公司小红书，就瞄上了国人消费升级的趋势，做海外商品代购非常火，2013 年 6 月在上海创立。短短 16 个月完成三轮融资，2014 年底完成了 GGV 领投千万美元级的 B 轮融资。

过去买东西更多看价格，如今买东西更多看品质、看品牌，各种专卖店，品牌店生意越来越好，中产阶级的消费能力提升，也就意味着更多细分领域的创业投资机会。

最近非常火的网红经济，也是消费升级的表现之一。过去是中心化，一个人有好几千万粉丝，如今是很多很多网红，每个网红都有自己的粉丝群。总之，从各个角度来看，消费在升级，在这个趋势发展过程中，每一个阶段都有机会。

2. 互联网＋

国家首次提出互联网＋行动计划，以前的互联网还只是作为一个外在工具，当今互联网已经作为了核心引擎，推动社会创新。“互联网＋”是希望用国内相对优质与国际领先的互联网力量去加速国内相对落后的制造业的效率、品质、创新、合作与营销能力的升级，以信息流带动物质流，也会与一带一路整体战略相结合，推动整体产业的国际影响力。整个互联网＋未来有很大的机会。

具体的行业有金融行业，互联网金融行业有 P2P、股权众筹、第三方支付等，互联网确实解决了金融体系内部分信息不对称的问题，跨越了空间的障碍，提高了效率，降低了成本，创造了很多创业投资机会，从长远看，通过云计算、大数据、移动互联网改变金融行业是大势所趋，也孕育着无数机会。

教育行业，过去人们认为教育必须面对面，必须要在线下，因为人们要交流。但是，如今在线教育已经越来越普遍，51Talk 就是一家通过在线平台提供英语一对一服务的教学平台，正是由于互联网的介入，才使得一对一的口语有了 15 元每小时的绝对低价格，大幅度降低了人们学习英语口语的门槛，而教师那一端是菲律宾的普通人，经过简单培训就可以称为口语教师，互联网大大提高了资源的配置效率，也就创造了价值。

总之，互联网＋有很多机会，国家提出的互联网＋，更多的是偏向传统企业＋互联网，进行转型升级，而马化腾提出的互联网＋就是连接一切，马云提出的互联网+是指一起都在云中，尽管有不同的说法，但是，本质上显示了互联网+是未来的发展趋势，有很多的创业投资机会。

3. 高科技

这里的高科技更多是指智能系统，包括人工智能和基因。前一段时间人机大战刷爆朋友圈，人工智能产品越来越多地进入到人们的工作生活中。笔者接触的虫洞语音助手，就是机器深度学习、语义分析，虫洞语音助手是一款手机应用，是支持纯自然语言输入的语音助手软件。虫洞语音助手能满足人们工作、生活、学习、情感等各方面的交流，非常聪明，对着虫洞语音助手说“我饿了”，它会自动帮人查询附近所有的餐厅；如果你说今天出门该穿什么，那么它会弹出天气预报，显示穿衣指数。如今该公司又生产了图灵机器人，如今机器人已经不再陌生，日本前段时间生产出来的机器人栩栩如生。未来可能出现的事情，是机器人对人的感情的理解、对语气的理解和对人脑科学上的理解的突破。

还有就是基因，当今科技在医疗方面最大的一个突破就是基因测序，过去的基因测序一个就需要几十亿美元，现在几千元人民币就可以了，这是多大的进步啊！而且随着科技的发展，应该会越来越便宜。还有免疫疗法、生物医药，这都是未来有巨大需求，又对人类的生活、生命有巨大影响力的革新，创新、需求也就意味着更多的机会。

2.2.2 找到一个细分切入点

1. 概述

中国有很多创造行业第一品牌的机会，但是，从大类上来说，机会已经被巨头占领了。如何在充分竞争的领域做强做大，就要寻找并聚焦非常细分的市场，而且要非常快速地做到行业第一，一个细分领域第一机会来临的时候，一定要舍命狂奔。市场占有率要在30%以上才是安全的。

因此，一个创业公司在找到一个创业方向之后，一定要找一个细分的、垂直切入点，先切入进去，在这个领域用极致的产品或者服务去占领消费者的心智，同时，锻炼并验证自己的团队及运营能力，也可以验证公司的产品或者服务是否是可复制的、可升级的。

2. 以 O2O 为例

以获得五轮融资的企业“饿了么”为例，其创始人张旭浩在一次公开演讲中提到，战略上从小处开始切入，很多时候夸夸其谈的战略不是很深入，就是没有抓住用户的痛点。“饿了么”一直以来有一个名言，一定要从一个很小的切入点开始，他们当时创业的时候，觉得网上外卖是一个切入点，可以切入到整个行业。2011 年“饿了么”最初做这个行业的时候，还没有移动互联网，只有 PC 互联网，当时有很大的挑战。要说服一家餐厅上网站，需要拉网线、买计算机等，付出很多。

所以说今天“饿了么”不但有午餐和晚餐的服务，现在更有的是早餐服务、生鲜服务、水果服务，这些品类的扩张，不是他们创立之初就形成的，而是通过一个点逐步展开的。因此，创业公司，特别是互联网公司，要抓住一个客户的痛点，然后再拓展到其他品类，在其他项目上做好，这样的话，就容易取得成功和进步。

3. 以教育为例

以先后获得徐小平的真格基金、红杉资本等知名投资机构投资，C 轮投资 5000 多万美元的在线教育平台 51Talk 为例，其当初也是从真人外教一对一服务切入，对接菲律宾外教资源和二三线城市的语言市场。教育是一个环节比较繁复、专业性要求很强的消费服务，需要解决如何通过互联网和移动互联网来实现更便捷、更高效、更有效的学习。

因此，51talk 从一对一服务开始，做了有益探索，慢慢在客户中形成口碑。然后，其产品线开始逐步延伸，逐步通过长期的各具特色的产品和服务，真心服务客户，进而成为改变人们生活方式的服务。

2.2.3 移动互联网的创业方向

1. 概述

移动互联网的创业和PC时代创业有很大不同，在PC时代，我们和互联网的接触还有很多场景，有PC端，现实生活场景，还有其他一些信息终端，而且PC端的屏也有很多，可以容纳很多应用。在PC端的时候，我们同时查一个事情，可以打开好多页面的链接，这样一个界面可以允许几家共存。但是，在手机端就不同了，不管是在北京创业，还是在深圳，不管是在国内，还是在美国、新加坡，每个创业者在移动端设计的社交、工具、平台和服务，最终大家都会在一个共同的战场碰面，那就是手机屏，手机屏幕很小，不允许同时打开很多应用，而如果是同类型的应用，那么一般来说只会装一个，体验不好的、功能不强的就会删除。也就是说移动互联网的创业更加残酷，胜者为王，赢家通吃。

2. 移动应用

符合主流趋势，垂直化。尽量满足大部分用户的主流应用，比如微信、微博、美图秀秀、墨迹天气。切入点足够细分，但是，未来空间足够大的垂直空间，比如大姨妈，要符合手机的特点，随时、随身、随地、感应。比如，12306就是买火车票，航班管家就是买机票等。

要和云结合，也就是一定要放在云上，现在是云时代，用户相关的信息一定要放在云上，这样无论是对于用户体验，还是后台的用户管理，都很有价值。

要做垂直社区，还是拿小红书举例，它就是从那些喜欢逛、喜欢晒、喜欢购物、喜欢分享的女性社区开始，后来才有购物，社区＋电商模式已经证明可以。而这种基于兴趣、基于情感、基于主动分享基因的社区更具有客户黏性，在高度黏性的客户互动的基础上，电商的需求往往是自然而然发生的，因此就可以形成闭环。

3. 移动O2O

O2O的本质，两个O分别是线上和线下，上下都可以颠倒。一个虚拟，一个现实，核心在于连接。连接的就是场景，就是连接两个世界的场景，场景可以简单理解为人们一种生活习惯的惯性延续。当连接满足了两个场景的人们使用习惯，同时还优化了，节约了成本，或者提高了效率，这样的O2O就能存在。

线下消费市场是未来的蓝海，而O2O能极大释放线下市场的潜能。O2O的关键是构建闭环服务流程，尤其是要避免飞单，确保客户的线下服务质量，尤其是要让客户相信平台，相信平台的品质。相信只有平台才能给他高品质、性价比高的产品。

4. 移动游戏

可以选择不同的类型或题材，比如，卡牌、打斗；武侠、故事、动漫IP，还有跨平台、跨终端等，比如，手机、Pad、电脑、智能电视等，基于不同的操作系统，IOS、Android、页游、WP平台，可以选择国内的市场，当然也可以选择海外市场。

2.3 投资人喜欢怎样的商业计划书

2.3.1 投资人如何判断投资价值

投资人往往从五个方面判断行业或者企业是否值得投资。

1. 什么样的团队值得投资？投资就是投人，不断总结成功企业家和团队都有哪些共同的特质。天使阶段尤其关注团队，创业公司在天使阶段往往产品还没有打磨好，商业模式也未能得到市场验证，更多的是创业团队的一系列假设，因此，这个阶段的创业团队就显得尤为重要。

比如，聚美优品的陈欧当时拿了徐小平第一笔投资20万美元的时候，做的就是游戏，但是失败了，但因为徐老师投的陈欧以及他的团队，因此，陈欧后来做了聚美优品，四年就上市了，徐小平也获得了600多倍的回报。所以，团队的创始人，以及核心团队在搭配上，是否能够互补，彼此是否足够信任，是否曾经在一起共事过等，都很重要。

2. 什么样的行业值得投资？最浅层次的行业分析就是行业的供需分析，比如产能过剩。中层次的行业分析就是行业要素分析，深层次的行业分析是行业结构分析。要判断这个行业的差异化程度，最高价值和最低价值相差多少倍，相差越大的，竞争要素就是性能，是要靠品牌竞争的。分析行业，一定要把行业中最重要的竞争要素概括出来。如果在一个行业里，老六在各个主要竞争要素中都超过了老大，而其规模只有老大的20%，那么老六就很具投资价值。

3. 什么样的企业值得投资？投资肯定是投成长，企业如果不具备成长潜力，则没有投资价值。如何判断企业未来是否会成长，要仔细分析企业过去成长的驱动力是什么？是行业带来的，还是企业带来的。另外，要看企业是否有很强的自我改善能力，自我改善能力决定企业成长速度和成长边界。同时，要看企业发展是否有天花板，也就是其成长的陷阱和瓶颈在哪里，全面评估才能了解企业是否值得投资

4. 什么样的商业模式更有价值？未来的竞争就是商业模式的竞争，所谓商业模式就是盈利模式。如果你能找到一个独特的商业模式，创造一个行业，而这个行业是独特的，那么你就具有先发优势，成为领先者，甚至成为某个地域的垄断者，比如，滴滴出行算是分享经济在出行行业的一个突破。

5. 对接资本市场可能性如何？要做IPO可行性分析，这就需要了解国内证券市场与国外证券市场的要求，比如，国内的主板、中小板及创业板市场对拟上市企业的行业都有限制，比如，钢铁、地产行业、PE行业就受限制，也就是说它将来不能在国内市场上市。国外的证券市场

也有自己的标准，如果企业想在国外上市，那么在选择投资机构的时候，需要有意识地选择外币基金，如果拿不到外资机构的投资，则基本上也很难上市。如果这家企业不能公开上市（IPO），那么这是很可惜的，少了对接资本市场最重要的渠道，其估值未来会大打折扣。对于财务投资人来说，基本上考虑的可能性就比较小了。

2.3.2 投资人忌讳什么

1. 忌讳谈平台

许多创业者都有梦想，开口就想做平台，其实做平台是需要有基础的，综合性的平台需要有很强的综合实力才能去做。任何一个平台的建设与发展都是需要积累与过程的，一般都是从工具或内容开始，不断积累需求者和供应者，平台往往先通过自己创造的工具和内容标准、流程去引导需求者和供应商，这样平台慢慢积聚人气，会有越来越多的供需双方汇聚到平台上，当平台只是在制定标准、设计流程，供应双方主要是由社会提供的时候，就有平台了，因此，创业者如果不具备实力、不具有特殊的资源，那么很难做成平台，投资人也很难相信创业者可以完成。

2. 忌讳谈只缺钱

笔者在实践中也经常接触到一些创业者，说如果你投资了，那么我会怎样怎样，我什么都准备好了，现在只是缺钱，这是投资人最不喜欢看到的。对于投资人来说，他更想看到的是这家企业未来的成长性，他已经有基础了，投资人的钱只是让创业者成长得更快，只是起助力作用，而不是企业生死存亡的必需条件，因为资本是逐利的，他们投资是期望企业未来要获利，而不是企业自己的生存还存在很大的变数，把投资作为唯一的法宝，这个逻辑是错误的。

3. 忌讳谈无竞争对手

有的创业者会说他做的是一个创新领域，当前没有竞争对手，在一般情况下，往往是创业者没有认真做市场调查，对竞争对手的情况不熟悉。如果真的没有其他公司介入，那么这还真的考虑考虑，看看这是否是一个全新的市场，为什么没有公司愿意参与进来，中国很大，聪明人很多，不要以为只有自己聪明，如果一个市场长期没有公司介入，那本身可能就说明有问题。因此无论哪种情况，都需要创业者认真去做市场分析，分析竞争对手。简单地说无竞争对手，只会让投资人觉得创业者无知。

4. 忌讳谈市场足够大

有的创业者会说自己的产品用户广泛，中华大地，男女老少，都可以用，13 亿多人，市场非常之大。这往往都不靠谱，像这种大众市场的产品或者服务一定是靠规模取胜，更多是价格有优势，靠不断规模化，降低边际成本，来战胜其他竞争对手，对于初创企业开始是不具备这样的实力的，正常情况下应该找到自己的种子用户、核心用户来打磨自己的产品或者服务，只有自己的产品和服务得到市场验证之后，才能测算出市场到底有多大，否则都是虚的。

5. 忌讳忘了如何退出

创业者永远要记住，投资人投资企业最终都是为了退出，因为大多数机构投资人都是受人之托管理他人的钱，他要负责，因此，投资人在做任何一项决策的时候，一定会考虑退出方式，一般投资有以下几种退出方式：IPO 上市、回购、兼并收购、破产清算，IPO 上市是投资人最期望的一种方式，当然，投资人最不愿意的就是清算了，因此，创业者讲清楚未来投资人的退出方式也是非常重要的。

IPO：公开上市（Initial Public Offering，简称“IPO”），是指将风险企业改组为上市公司，风险投资的股份通过资本市场第一次向公众发行，从而实现投资回收和资本增值。

股份回购：如果风险企业在渡过了技术风险和市场风险，已经成长为一个有发展潜力的中型企业后，仍然达不到公开上市的条件，那么一般会选择股权回购的方式实现退出。

股份回购一般包括两种回购方式：创业者回购风险投资者的股份和风险企业回购风险投资者的股份。前者是通过买股期权的形式来实现，是在引入风险投资签订投资协议时，由创业家或风险企业给予风险投资家一项选择权，他可以在今后某一时间要求创业家或风险企业按照预先商定的形式和股票价格购买他手中的股票；后者则是通过卖股股权的形式来实现，是给予创业家或风险企业一项选择权，让其在今后某一时间以相同或类似的形式及股票价格购买风险投资家手中的股票。在股权回购时，到底是采用买股期权还是卖股股权来进行，这主要看风险企业对风险投资吸引力的大小而定。如果风险企业是一家受到许多风险投资公司普遍看好的公司，则可能会采用买股期权；如果是风险企业急需引入风险投资，则可能会采用卖股期权。绝大多数股权回购是采用卖股期权进行回购的。一般而言，在风险投资投入时投资双方就已签订好关于股份回购的协议，包括回购条件、回购价格和回购时间等。

兼并与收购（Merge and Acquisition，M&A）是风险资本退出的比较常用的一种方式，是风险投资商在时机成熟的时候，通过并购的方式将自己在风险企业中的股份卖出，从而实现风险资本的退出。其中，兼并是指由一家实力较强的公司与其他一家或几家独立的公司合并组成的新公司，而实力较强的公司占主导地位；收购则是指企业通过证券市场购买目标公司的股份或者购买目标公司的产权，从而达到控制目标公司的行为。

破产清算：是在风险投资不成功或风险企业成长缓慢、未来收益前景不佳的情况下所采取的一种退出方式。虽然，以清算方式退出一般会带来部分损失，但也是明智之举，因为投在不良企业中的资金存在一定的机会成本，与其被套牢而不能发挥作用，倒不如及时收回资金投入到下一个更有希望的项目中去。据统计，美国由创业资本所支持的企业，有 20% ~ 30% 完全失败，约 60% 受到挫折，只有 5% ~ 10% 的创业企业可以获得成功。当某一项目面临失败或缺少足够的成长性时，风险投资家应拿出壮士断臂的勇气，果断地抽出资金，转向投入预期回报更高的标的之中，寻求更好的获利机会。在很多时候采用清算公司的方法虽是迫不得已，却是避免深陷泥潭的最佳选择。

2.3.3 如何写商业计划书

1. 几种商业模型介绍

（1）商业模式九画布

任何一次关于商业模式的会议探讨都会从“什么是商业模式”开始并达成共识。因此，我们需要每个人都懂得商业模式定义，这里介绍商业模式九画布，是一种很好的工具，可以让创业者很轻松地描述和使用商业模式，对本公司的商业模式进行梳理。

商业模式九画布可以很好地描述并定义商业模式，这九个模块覆盖了商业的四个方面：客户、提供物（产品或者服务）、基础设施和财物生存能力。九个模块包括价值主张、客户细分、客户关系、渠道通路、收入来源、关键业务、核心资源、重要伙伴、成本构成。

商业模式描述了一个企业九大经营要素之间的互动关系，本质上描述了企业是如何创造价值、传递价值和获取价值的基本原理。众筹平台商业模式如下图所示。

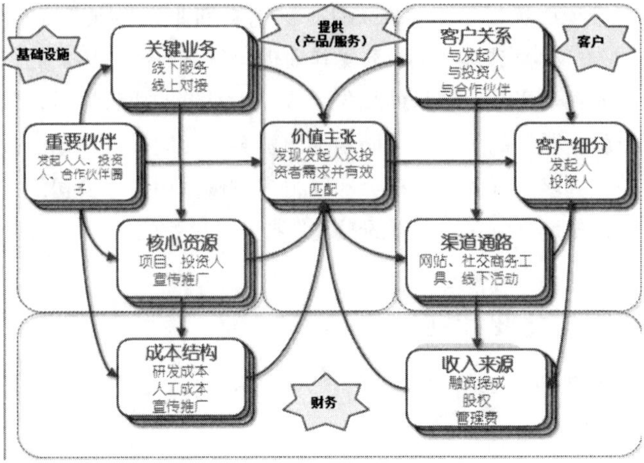

价值主张：企业提供的产物（产品、服务、利益等）。

客户细分：如用户、付费客户等。

渠道通路：联系客户，向其提供价值主张的渠道。

客户关系：用于创造需求。

收入来源：价值主张创造的收入。

核心资源：实现商业模式所需的资源。

关键业务：指实施商业模式必须进行的活动。

重要伙伴：指参与商业活动的合作方及其合作动机。

成本结构：指商业模式运行付出的代价。

（2）PPRM 模型

所谓 PPRM 模型，这是软银赛富合伙人羊东提出的，可以帮助投资人更好地梳理企业的商业模式。

Product（产品）：这里的产品或者服务，是公司可以为客户提供的价值主张的载体，通过它来为客户解决真正的需求。产品和需求永远是在一切模式和创业路径之上的。不少公司失败就是因为它是建立在伪需求之上的。

Model（模式）：第一宇宙速度。好的创业项目需要有一种能够扩张也能够稳得住的模式。在产品能够解决真正需求的前提下，投资人在投资的时候不知道这个项目在竞争市场上是否是唯一的，在同类型项目中是否是最值得投资的。这时候投资人就需要看这个创业项目的模式，是否能够低成本、高效率地生产，这种模式是否能够持续带来回报。

Road（路径）：即怎么走到自己的模式上面去。简单地说远景很好，目标也吸引人，模式也很符合逻辑。但是，这个目标如何达成，需要多长时间？每个时间点的里程碑是什么？完成每个里程碑的保障是什么？比如，一家公司要做在线的 K12 教育辅导平台，既然要做平台，就可能需要设计路径，老师从哪里来，什么时候能够积累到多少老师？积累到多少学生？多少从线上来，多少从线下来，具体的时间点等。这些指标是否超过同行业标准或者竞争对手，凭什么可以做到，有什么判断依据等？模式和路径是在创业过程中需要深入思考的。

People（人才）：说到投资，很多投资人的观点都是投资就是在投人。这个人不但是指创始人的品质及背景，还包括创始团队的搭配及经历和业绩等，优秀的创始人应该具备独特的品质，创始团队的能力应该互补，其从业背景与创业的领域有重合的地方，应该可以加分。比如，创始人对该领域用户的了解要很深入，对使用场景，一些细节都能描绘清楚，同时，他需要执著和灵活，具有格局和视野，但是，这也没有具体的标准，一方面他能够坚持独立思考和判断，另一方面也兼收并蓄，听取他人意见。

2. 商业计划书的要点

投资公司每天都会收到很多商业计划书，因此，他们看商业计划书的时间非常有限，这样就要求我们用最小的篇幅把最重要的内容传递给投资人，讲清楚，吸引他采取进一步行动。一般是 15 页 ~25 页，页数多少不重要，重要的是把每一个模块讲清楚。

（1）What 你要做什么

可以用 1 页 ~3 页，核心是讲清楚你要去做一件什么事情，可以一句话就说清楚，如果能配上简单的上下游图或者功能示意图，那是最好的了。

重点的是要突出专注、明确，非常明确地表达你就想做好这一个环节，做到极致，不要说什么都做，还要做什么产业链等。

商业巨头在做或者想做的项目，你就不要去做了，如果你很出色，那么有可能会成功，但是概率太低，尤其是投资人很难对你建立信心，因此，也就没有兴趣，很难获得投资。

（2）Why Now 市场容量及竞争格局

可以用 2 页 ~3 页，讲清楚这个行业背景、发展趋势、市场容量、竞争格局，要说明你选对了跑道，你对市场很了解，也了解竞争对手，在正确的时间做正确的事。

市场很大，不见得有需求。要描述清楚当前的时机为什么合适，抓住了客户什么痛点，你可以为客户创造的价值，你的解决方案与竞争对手的差异化，是提高了效率，还是降低了成本。

（3）How 你打算怎么做

这个比较重要，用的篇幅多一些，可以用 3 页 ~5 页，你需要告诉投资人打算怎么做？要讲清楚具体解决方案，包括产品的研发、生产、销售、市场策略。

就是要具体到业务逻辑以及产品路径，要描述未来 18 个月的计划，包括各阶段的里程碑，关键的业务指标。可以采用精益创业的方法，做

MVP 产品，小步快跑，快速迭代，不断验证，不断修正。

（4）Who 团队介绍

可以用 1 页 ~2 页，这尤其对早期的创业比较重要，由于早期投资人更加关注团队，要讲清楚创始人的背景、特长，以及与当前创业的产品或者服务之间的关系，其他核心成员的背景和擅长，公司的股权架构，团队的分工。

投资就是投人，公司的发展也是靠人，而且很多公司失败就在于执行力差，公司的执行力主要就是靠团队，不同公司的团队出来的效果是不一样的，很多投资人都表示，可以要一流的团队，二流的商业模式，商业模式差一点没关系，如果有优秀的团队，那么是完全可以在实践中完善的，但是，如果是团队不灵，再好的商业模式，也很难取得成功。

（5）Why you 核心优势

可以用 1 页 ~2 页，投资人总喜欢的问题就是你的核心优势是什么？门槛在哪里？有多高，未来能否形成垄断地位，未来的发展只有垄断才能获得高额的利润。一般来说包括核心资源与核心能力，核心资源包括一系列独占性稀缺的资源和系统能力的综合体。

因此，要说清楚你与别人的差异化，所谓核心资源更多侧重于核心技术、知识产权、牌照、重要合作伙伴关系等，所谓系统能力更多是指通过时间慢慢积累的业务标准、流程、IT 系统、机制等，要回答清楚，为什么你比别人做得好？

（6）How Much 财务预测及融资计划

最后用 2 页 ~3 页，这一点是一定要讲的，不少创业者有时会把这一条忘掉，就是你要告诉投资人，你打算融资多少钱？出让多少股份，当然出让比例可以具体谈。你必须要说清楚你的资金用途，会用在什么地方，如何分配，达到什么里程碑，都要说清楚。

关于资金用途的详细程度，要看商业计划书的使用场景，可详可略。如果是初次见面，或者是路演展示的话，那数据可以不用非常详细，一旦进行得比较深入，与投资人单独沟通的时候，财务数据需要详细一些，做好财务预测也非常重要，投资就是投未来，必须要跟投资人说清楚创始人眼中的未来财物发展路径。

2.4 思考题

1. 你认为成功的创始人具备的最重要的优秀品质是什么？为什么？
2. 当你开始准备创业，你将根据什么来选择创业方向？
3. 在移动互联网领域创业，你打算如何选择具体的定位？为什么？
4. 简要说明投资人看项目的关注点和忌讳？
5. 简述 PPRM 模型。
6. 如何写一份合格的商业计划书？

扫码参与线上讨论

创业灯塔

Enterpreneurship

第3章 思想无价：用知识产权法律法规保护你的梦想

3.1 前言

知识产权，也称其为“知识所属权”，是指“权利人对其所创作的智力劳动成果所享有的财产权利”，一般只在有限时间期内有效。各种智力创造，比如，发明、文学和艺术作品，以及在商业中使用的标志、名称、图像及外观设计，都可被认为是某一个人或组织所拥有的知识产权。据斯坦福大学法学院的 Mark Lemley 教授，广泛使用该术语“知识产权”是一个在 1967 年世界知识产权组织成立后出现的。

知识产权是关于人类在社会实践中创造的智力劳动成果的专有权利。随着科技的发展，为了更好地保护产权人的利益，知识产权制度应运而生并不断完善。如今侵犯专利权、著作权、商标权等侵犯知识产权的行为越来越多。17 世纪上半叶产生了近代专利制度；一百年后产生了“专利说明书”制度；又过了一百多年后，从法院在处理侵权纠纷时的需要开始，才产生了“权利要求书”制度。在 21 世纪，知识产权与人类的生活息息相关，到处充满了知识产权，在商业竞争上我们可以看出它的重要作用。

发明专利、商标及工业品外观设计等方面组成工业产权。工业产权包括专利、商标、服务标志、厂商名称、原产地名称、制止不正当竞争，以及植物新品种权和集成电路布图设计专有权等。

一个梦想，一份保密协议，一千亿元的身价，市值 3784 亿元人民币的公司（截止撰写时市值）。

这家公司就是百度。

1999 年 11 月的某一天，在美国的李彦宏和他的第一个合作伙伴正式谈论回国开创百度公司之前签了一份保密协议，然后，李彦宏将自己回国创立互联网公司的计划和盘托出。

这一份协议保护为当时李彦宏最大的商业秘密提供了保护。

或许有人会说，人家是在美国，咱们在中国，国情不同。如果有前述想法的人，那么是不配创业的，趁早死了创业的心。因为连基本游戏规则遵守之心都没有，只会是一个“坑哥”。

对于创业选手，最怕的是什么，缺投资、缺合伙人？都不是，缺的是对自己梦想的保护意识，以及足够的保护手段。不然，投资人不会问如果 BAT 等巨头进入该市场，你们将如何应对等类似问题。

对，就是壁垒。创业的壁垒是什么，技术先进，迭代快；团队战斗力足，跟他们死磕；我们前期切入点市场规模小，巨头们不会关注……

这些都构不成壁垒，或者是壁垒的强度不够。

有没有一个更强力的壁垒？答案是肯定的，这就是知识产权。

什么是知识产权？专利、商标、著作权、商业秘密、印刷电路板布图设计、植物新品种、地理标志、商业秘密等。是的，以上都是知识产权定义涉及的内容。但这些背后代表的又是什么？知识产权是法定的独家收益权，是企业最重要的资产，是企业的核心资本，是坚固的城墙，更是最犀利的武器。

中国知识产权有一个传奇人物——邱则有。在中国，提起“专利”，邱则有是一个绕也绕不过去的名字。从专利数量上来看，他申请的发明专利共 7000 多项，授权专利 2000 多项；从比较的角度来看，没有任何一家企业拥有的专业数量可以与邱则有相比肩；从维权的方面看，邱则有打了最多的维权官司，胜诉的比例高达 90% 以上。

当别人还没有意识到专利的重要性的时候，他已经开始了专利领域的跑马圈地，到 2007 年，他就已经编织好了一张囊括 22 个产品系列的专利网。

3.2 知识产权将欧洲推向了快车道

当现代专利制度首先在英国乃至欧洲确立之后，欧洲社会知识积累和技术进步的方式发生了根本性的变化。由于专利制度解决了商业机密保护下市场扩展与技术可占有性之间的内在矛盾，而作为一种无形资产，人们从专利权所获利润的大小与市场容量成正比。正因如此，当欧洲确立专利制度之后，就极其有力地促进了创新技术和工业资本的结合，为欧洲企业向海外扩张注入了无穷趋近的动力。有些创新项目尽管社会价值很高，但却难以采用机密保护。在机密驱动模式下，人们是不愿意进行这一类创新活动的。但在专利制度下，人们对创新成果的独占性由法律所保障，上述项目就会变得有利可图。或许，对产业革命具有关键性的一些技术进步，如蒸汽机，就具有这样的性质。与此同时，为了申请专利，人们就必须将私有的创新知识披露为公共知识，由此形成的公共知识库又会极大地提高人们的创新效率。最终，借助专利制度，公共知识库存量与技术创新效率之间必然会形成一个相互加强的正反馈过程。

当技术进步过程在中国仍然依靠商业机密驱动而缓慢前进时，它在欧洲却已踏上了专利制度驱动的“快车道”。那时，尽管欧洲在人数上依然具有较大劣势，但其人均创新效率却得到了极大提升，而欧洲的技术创新总量就很容易赶上中国，并在很短的时间内，远远地将中国抛在后面。

早在 1474 年，威尼斯共和国就建立了专利制度，以法律方式对专利提供排他性保护，“在 10 年期限内，未经发明人同意与许可，禁止其他任何人制造与该发明相同或者相似的装置。若其他人贸然防止，将赔偿专利人金币百枚，仿制品也将立即销毁”。借助专利制度，威尼斯曾经吸引了周边国家的大量工匠，他们对威尼斯工商业的繁荣做出了巨大贡献。有意思的是，著名科学家伽利略还在 1494 年获得了“扬水灌溉机”的专利权。与之一脉相承，在 16~17 世纪，许多欧洲国家的确在重商主义政策的影响下，普遍向发明者（工匠或实业家）授予特权、特许状、专卖权和许可等。1623 年，英国政府颁布了钦定的《垄断法案》，现代专利制度正式确立，并逐渐扩散到其他欧美国家。

按照现在通行的观点，工业革命的标志性发明包括飞梭（1733 年）、“珍妮纺纱机”（1765 年）和改良型瓦特蒸汽机（1785 年）。由此看来，工业革命的发生与专利制度的建立相差一百多年，这种时间的先后顺序表明，专利制度可能是促进工业革命的关键因素。在此期间，公开披露的技术知识日积月累，逐渐形成一个庞大的公共知识库，为工业革命的发生打下了坚实的知识基础；而专利保护的排他性特征，也为技术与市场的结果提供了必要的制度保证。以蒸汽机为例。瓦特并非蒸汽机的首次发明者，相反，他是在纽可门式蒸汽机的基础上不断试错，并逐渐改进蒸汽机的运行效率的。进一步，由于具有蒸汽机的专利，瓦特得到了巴洛克、博尔顿等企业家的“风险投资”，这又促进了蒸汽机技术的市场化进程。

我国现有的知识产权制度已经和国际接轨。鉴于此，我们的创业企业更应该通过知识产权的手段，来保护自己的知识产权，从想法开始。

3.3 知识产权成就朗科

2004 年 8 月 13 日，深圳市朗科科技有限公司起诉索尼电子（无锡）有限公司和索尼国内最大的一家闪存盘代理商——深圳市深升资讯科技有限公司，要求索尼公司立即停止其对朗科公司在闪存盘方面的一项核心专利的侵权行为，同时，索赔人民币 1000 万元，索尼公司由此成为第一个在中国因涉嫌专利侵权而遭到指控的国际巨头。

朗科是一家由留学归国人员创办的高新科技企业，成立于 1999 年 5 月，是 2000 年前后国内最大的移动存储生产商与出口商。1999 年，该公司在世界上率先成功研制并推出新一代移动存储器——闪存盘（取名“优盘”，“优盘”现为朗科公司商标）。但是，华旗等厂商凭借资金和品牌优势后来居上，朗科作为发明者却籍籍无名。因此，其总裁邓国顺把希望寄托在知识产权武器上。

其时，朗科 2002 年 9 月诉华旗、联想及宏基侵权案刚刚一审完毕，法庭支持了朗科索赔 100 万元的主张，并判华旗立即停止生产、销售闪存盘。虽然，华旗正在联合 14 家国内外闪存盘厂商（包括在美国有两项闪存盘专利的以色列艾蒙公司）向国家知识产权局专利复审委员会提出朗科闪存盘专利无效申请，但是，结果还很渺茫。乘胜追击的“软盘终结者”朗科，手握同一个专利武器——用于数据处理系统的快闪电子式外存储方法及其装置，目光转向 2002 年高调进入中国市场的“软盘发明者”索尼。

在朗科起诉后，索尼一直保持沉默，并且提出本案件应该由无锡法院负责审理的管辖权异议，请求延期开庭。而朗科之所以选择深圳中级人民法院，是因为过去 10 年来这里审结的知识产权案例从未被推翻过，因此，斥责索尼是在拖延时间，希望通过加大出货量尽快降低损失，以索尼无锡工厂的闪存盘生产规模与索尼的全球销售网络，索尼公司如果能将案件拖延半年以上，那么就足以在全球市场获得远远超过 1000 万美元的收益。

2006 年 11 月 24 日，朗科发布公告称，“双方已同意友好解决彼此之间的法律纠纷，而着眼于未来的业务拓展。根据协议，朗科撤回对索尼索赔 1000 万元的民事诉讼，索尼公司将从朗科购买 USB 闪存盘产品。”

此次和解并合作对于双方而言都是一次令人满意的双赢。首先，对于一向尊重知识产权的索尼而言，此次和解进一步展现了其国际品牌的风范与形象；于朗科公司来说，其知识产权不仅得到了应有的尊重，在此基础上还获得了与国际大厂合作的机会，其知识产权战略的成功实施值得国内企业学习。

3.4 错误的示范

1. 非诚勿扰

著名的电视节目《非诚勿扰》因为被判侵犯注册商标，而被迫更名。法官是这样说的——“江苏电视台的《非诚勿扰》节目，从服务的目的、内容、方式、对象等判定，其均是提供征婚、相亲、交友的服务，与上诉人第7199523号‘非诚勿扰’商标注册证上核定的服务项目‘交友、婚姻介绍’相同。由于被上诉人江苏电视台的知名度及节目的宣传，而使相关公众误认为权利人的注册商标使用与被上诉人产生错误认识及联系，造成反向混淆。江苏电视台通过江苏卫视播出《非诚勿扰》，收取大量广告费用，也在节目后期通过收取短信费获利，足以证明系以盈利为目的的商业使用，其行为构成侵权。在判定本案被上诉人是否构成侵害商标权时，不能只考虑《非诚勿扰》在电视上播出的形式，更应当考虑该电视节目的内容和目的等，客观判定两者服务类别是否相同或者近似。原审法院认为‘江苏电视台的《非诚勿扰》电视节目虽然与婚恋交友有关，但终究是电视节目，相关公众一般认为两者不存在特定联系，不容易造成公众混淆，两者属于不同类商品（服务），不构成侵权的认定错误，本院予以纠正。上诉人指控被上诉人在《非诚勿扰》节目中使用‘非诚勿扰’商标侵害其商标权，证据充分，本院予以支持”（深圳中院）。

案由：

2010年1月份开播的《非诚勿扰》节目侵犯了温州小伙金阿欢，在2010年9月7日获得的商标注册权。该商标是金阿欢于2009年2月16日，向国家商标局申请，核定服务范围为第45类，包括“交友服务、婚姻介绍所”。

作为一个大型机构，在节目播出之前未能对潜在的知识产权侵权风险进行预防性检测，在发展的过程中，没有尽早采取适当措施（如协商购买或者授权）等，导致节目被迫改名，累积的商标价值化为乌有，这值得我们初创企业在推出产品伊始注意。

对于商标来说，简单的做法是将核心产品和服务对应的核心分类尽早进行商标申请，同时，需要将相似相关服务对应的分类进行必要申请，以建立必要商标保护圈。

2. HTC 案例

2015 年 6 月 1 日，HTC 的股价跌破 100 元，走到了 13 年生命历程中的最低点，HTC 董事长王雪红不得不因此召开股东大会向股东致歉，HTC 这颗手机界曾经“闪亮的星”正不可避免地走向暗淡。回顾 HTC 走下坡路的历程，遭遇专利“滑铁卢”是不可回避的重要原因之一。

2010 年，苹果公司向美国国际贸易委员会（ITC）起诉称，HTC 智能型手机等产品侵犯了其拥有的 10 件美国专利，HTC 的“专利战争”自此开打。2011 年底，HTC 被认定侵犯了苹果公司的第 647 号专利，并决定从 2012 年 4 月 19 日起对 HTC 涉及该专利的智能手机实施进口禁令。从 2011 年 10 月到 2012 年 3 月，HTC 的市场份额缩水 60%，苹果市场份额则从 46.84% 增长至 76.88%。不难看到，HTC 的部分市场已经被与苹果公司的这场专利纠纷的阴影所淹没。拥有屈指可数的专利、仅靠代工的 HTC，专利战一开始就处于下风位置。

随着市场的禁入，HTC 的市值也从高点的 480 亿美元迅速缩水至 18 亿美元。

无论是在与苹果公司专利纠纷过程中市场份额遭遇缩水，抑或被认定专利侵权而逐步淡出欧美市场，HTC 的遭遇又一次警示世人，企业在专利的竞争中，稍有不慎就会陷入万劫不复之地。在笔者看来，HTC 唯有加速创新，重整专利布局，才有希望博得用户的信赖，从而赢得东山再起的机会。

3.5 知识产权如何变现

开篇说，知识产权是资产、资本，关键问题是，怎样才能将知识产权变现。

1. 知识产权自身变现

简单地说，自己将知识产权产品、产业化转化，通过产品销售获得垄断性收益；也可以将知识产权授权许可给其他人使用获得收益；将知识产权直接售卖给别人也会是一种途径；还有的就是质押融资、作价入股等都是知识产权变现的手段。

2. 高新技术认定变现

除了这些直接将知识产权变现外，一些基于知识产权的产业政策补贴也是变现的手段，比如，高新技术企业认定。高新技术企业是在国家重点支持的高新技术领域内，持续进行研究开发与技术成果转化，形成企业核心自主知识产权，并以此为基础开展生产经营活动，在中国境内（不包括港、澳、台地区）注册一年以上的居民企业。国家认定的高新技术企业享受税收三减两免的优惠，即取得第一笔生产经营收入所属纳税年度起，第一年至第二年免征企业所得税，第三年至第五年按照25%的法定税率减半征收企业所得税。想要政策，硬性条件是必须要有一件发明专利或者六件实用新型专利。

3. 市场壁垒保证变现

在企业招投标过程中，如果其中一家企业拥有项目建设必要的专利，那么就可以直接告诉招标方，技术归我所有。如果别的企业中标这个项目，那么使用该技术就属于侵犯知识产权，将要追究责任。招标方必然要考虑选择中标方。

在商业宣传中，经常看到一些广告，广告中说，这是国家专利产品，或者说这是著名商标，这样来提高企业的知名度，或者说提高在消费者心目中的优越感。这对于消费者心理的影响，很容易理解，比如说同一件衬衫，质地一样，款型一样，一个有商标，一个没有商标，那么它们的价格就不一样。再有这个商标，一个是普通商标，另外一个是国际名牌，那它的价格就是另外一回事。对于消费者的心理影响就是有钱人大款，肯定要穿大牌，不会贪便宜买一个没有牌子的同款衬衫。

第三，侵权诉讼，如果发现侵权，那被专利权人，或者商标权人，或者知识产权的持有人，可以请求一个诉讼，获得赔偿，这就是实现知识产权的一个间接获益，或者说是实现这种特殊性的获益。对于我们初创企业来说，要获得这种知识产权有一定的策略。

说到诉讼获利，必然要讲“iPad 商标侵权案件”。

“iPad 商标侵权案”指的美国苹果公司和 IP 申请发展有限公司（简称 IP 公司）起诉唯冠科技（深圳）有限公司（简称唯冠科技或唯冠深圳），不履行 iPad 转让商标义务。该案件经过三次开庭，最终判定苹果败诉。2012 年 2 月，唯冠要求在上海地区禁售 iPad 的听证会结束，苹果提请驳回禁售令。2012 年 6 月，广东省高院通报，苹果支付 6000 万美元一揽子解决 iPad 商标纠纷。

案件对于整个业界影响极大。美国苹果公司作为行业巨头，在 iPad 商标被唯冠公司注册的情况下，与唯冠集团进行了关于 iPad 商标的交易。交易涉及全球各个国家的 iPad 商标权。交易已经完成，苹果方以 3.5 万英镑的价格买入了唯冠的 iPad 商标。但是，为什么唯冠又提起了苹果的侵权诉讼，最终苹果方以和解方式赔偿了唯冠 6 千万美元。那么 iPad 商标案究竟如何？

2000 年，唯冠国际旗下唯冠台北公司在多个国家与地区分别注册了 iPad 商标。

2001 年，唯冠国际旗下唯冠科技（深圳）有限公司在中国内地注册了 iPad 商标的两种类别。

2009 年,唯冠台北将 iPad 全球商标以 3.5 万英镑价格转让给苹果(IP 公司)。

深圳唯冠表示中国国内的两项 iPad 商标并非台湾唯冠所有，台湾唯冠无权将苹果商标转让给苹果方。苹果将深圳唯冠告上法庭。苹果一方诉称：2009 年 12 月 23 日，唯冠国际主席杨荣山授权麦世宏签订了相关协议，将 10 个商标的全部权益转让给英国 IP 公司，其中，包括中国内地的商标转让协议。苹果方请求法院判令注册号 1530557 “iPad”、注册号 1682310 “iPad” 商标专用权归原告所有。

这个案件，究其原因是律师在实际操作中的一个小失误。但在本书中不是说律师该怎么处理交易案件。想要说的是本案的深层背景，当时的唯冠已经在破产的边缘，若非这 6000 万美元的赔偿，大批的债权方将血本无归。

3.6 初创企业知识产权工作指引

首先，我们要搭建自己的基本壁垒，别人不能轻易跨入。最简单的数字是五个商标、三件专利、适当的版权。

五个商标要的是在商标的 45 个类中，在申请注册的时候，注册我们经营的这个类别，或者说我们未来可能会涉猎的一些范围，在那些关联的领域，也要进行分别的注册。这样别人就不能够涉足到我们这个类别，或者将相近的商标用在相近似的服务上，这个是所谓的知识产权的布局。为什么要五个，而不是更多个？一主四辅，保护全面又不需要更多的钱。

三件专利，将自己的核心技术和关联技术或者未来产品方向使用的技术做基本的保护，实现基础地保护。其中，核心技术最好通过发明专利进行保护。

适当的版权，简单地说，重要的文档都可以通过版权登记进行保护。其中，对于互联网企业，可以将前端、后端、各平台端的产品通过软件著作权登记进行确权保护。

1. 专业性选择

首先就是说要选择那些真正专业，做这个领域的专家，比如，我们如果遇到专利的侵权案件的时候，如果你只找一个律师，普通做民事的律师，则可能就是说对这个法律条文有一定的概念性的认识，但是实际上，在实战过程中，没有这方面的经验。

同样，在进行知识产权布局时，需要选取各个领域内的专业选手，帮助企业进行知识产权策略性方案。

2. 前瞻性

知识产权申请要有前瞻性。我们在申请专利或者申请商标，申请这些知识产权之前，要对我们未来的发展，未来技术的发展，或者说未来这个产品的铺开有一个前瞻性，我们要申请什么样的商标，要在哪些类别上申请商标，这个对于我们未来的发展是非常重要的，所以要有一个预见性。

还有就是前瞻性，比如说，我们刚才说的申请高新技术企业。申请高新技术企业，需要有一个报高新的时间，如果报高新的时候专利还差两三个，那么赶快去申请，可能时间上会来不及，所以要有前瞻性。

3. 可靠性

第三是可靠性，因为涉及企业的技术和法律方面有很多是需要保密的，这种保密的东西不能让什么人都能看到，作为给你提供支持的人士必须是可靠的，不能随便把你的材料泄露给其他人。再有一个就是给你提供这个支持的专业人员，他自己的专业水平是不是可靠，是不是足够，委托他申请一个商标驳回了，再申请又驳回，来回来去没有什么意见，来回来去这样折腾，那样又花时间又费钱。

4. 持续性

持续性，作为知识产权来说，我们的商标申请从申请到最后拿到证书的时间可能需要一年左右，如果是专利的话，那发明专利更长，在这个过程中专利局、商标局可能会下来各种各样的文件，比如说审查通知，比如说异议被异议的通知，这些通知必须得有人持续盯着它，不能让他实现就答复期限过期，如果过期了，那么你的申请自然就会死掉，所以得持续有人看着它。

再有申请授权以后，我们的保护期，专利的保护期，发明是 20 人，使用和外观设计是 10 年，而且这个专利的保护期当中每一年要交年费，如果错过交年费的时间那个专利就失效了，所以还得有人盯着它，这是一个工作的持续性。

另外，提供技术和法律支持，比如，代理人代理机构，他是长期的对你进行技术支持，非常了解你这个企业的状况，非常了解你的要求会做出像是私人定制那样比较合适的建议。如果是今天换一个，明天换一个，不了解你的需要，不了解你的这个发展方向，他提出很多建议可能对你来说意义就不是那么大了。

3.7 企业内部知识管理

1. 管理层要对知识产权重视

作为初创企业的领导层，要对企业内部的知识产权工作有相当的认识，有一定的重视。为什么？因为笔者觉得在这几个方面是应该足以引起领导重视的，比如利益巨大，还是 iPad 的商标，唯冠和苹果他们两个之间的 iPad 商标之争，最后打来打去，中国的商标权苹果支付给了唯冠 6 千万美元，这个利益可以说相当巨大。即便是这样，深圳唯冠还觉得不满意，没有达到他们预期的效果，这个是商标，光一个商标的价值就这么大了，还有一些其他的品牌，他的利益更大，就不多说了。

再有一个条件就是危机四伏，如果不是做这个行业的，那可能不太了解，在这个行业中有一些叫非实施实体，听起来有点绕，但实际上我们管它叫专利流氓，或者叫专利臭虫，或者就是商标囤积者。他们申请商标申请专利之后，自己不实施，他们怎么用，他们看别人，谁实施这个就告谁，更有甚者看见别人在实施这个东西，他们自己再申请，抢注，完了回过头来告，反咬一口，这种情况不是没有，而且现在很普遍。

所以，如果有比较好的技术，或者说这种商标，赶快先申请注册，别等着出现这种问题，让人钻了空子。而且，很多人是盯着这个东西，就是要抢注，作为一个经营者来说，不要等着商标做出明细再去注，而是一开始先布局好，不要等这个专利推向市场获利后再申请，这样就来不及了。

最后一个就是一本万利，怎么说呢？给大家一笔账，商标的申请一件商标官费为 600 元，代理费 2014 年前后价格也就是 800 元上下，大的贵几百元，小的也就便宜几百元，加在一起也就一千多元，如果去卖，去转让，那么三五万元也是它，十万元二十万元也是它，上文提到唯冠 6 千万美元也是它，这样的生意是一本万利，如果是自己经营，那就自己注册好，哪怕有一天不用了，把它卖出去也是赚的。这些都是和巨大的经济利益相挂钩的，笔者觉得这应该是足以引起咱们创业者关注的。

2. 培养员工知识产权意识，建立健全知识产权制度

光有领导层的关注实际上还不够，因为我们知识产权的产生更多的是在一线员工那里产生的，他们才是真正的发明者、创造者，把这些好的技术、好的成果开发出来，需要一线员工有一定的知识产权意识，这样才能够使我们真正好的技术不会流失，好的主意不会被埋没，主要在

以下这几个方面，笔者想给大家介绍一下。

作为员工这几个意识要有，比如开发意识，我们在立项之初，最好对我们要做的这种技术做一个简单的检索，看看市面上是否已经有这些东西了。不要闭门造车，别人已经有这个东西了，我们不知道，投入人力物力去开发，开发出来发现已经有了，这就没意义了。再就是在研发当中遇到的困难，我们可以检索一下，看看有没有相关的领域，或者相关的技术，能不能给一些技术启示，把这个难关攻克掉，这样节省我们的开发成本，这是开发意识。

再有一个是申请意识，好的东西不要被埋没掉，不要被放在一起置之不理，和氏璧很值钱，搁在墙角里就是一块石头，但开发出来却价值连城，在一线的人员要能够看到这样的产品价值。

最后一个是保密意识，我们的工作人员、研发人员要知道保守我们企业的秘密，或者一些技术秘密，不要有意或者无意地公开出去，脑子里头要有一根弦。

还有一个方面就是有些商业秘密或者技术秘密是不适合申请专利的。有些技术是不适合申请专利的，要保护起来不能模仿。最常见就是可口可乐，它的配方是没有申请专利的，不会对外公开，因为申请专利获得授权的一个基本条件就是对外公开，它根本不申请专利，作为商业秘密保护起来，别人谁也模仿不了他，这是一个保密的意识。

我们知道经营一家企业，光靠人来管理，光靠意识是不够的，那么就需要有管理的制度，用制度管人，用文件管人。对内有相关的管理，对外的经营也要有相关的意识。

比如，在对内管理的时候，举一个例子，就是专利法中对于职务发明创造的要求，我们作为企业的员工，在主要是利用本单位的物质技术条件，或者说执行本单位的任务，所完成的这种发明创造，申请专利的时候，这个专利权是归单位的，而不能把它据为己有，这是有相关规定的。

但是，如果在开发过程中，不是完成单位的任务，或者说用的这个材料，不是主要利用本单位的物质技术材料，可能用的边角料，或者利用其他材料的话，那么创造出来的这个发明创造的技术是要从其约定，就是谁约定完之后才能判断它到底是谁的。

我们对员工进行管理的时候，有时会忽略这一点，没有在协议中规定，在本单位完成这个技术，都是归本单位所有。就会产生一个歧义，这样的话员工就说，实际上就侵犯了我自己个人发明创造申请专利的权利，作为企业你也觉得，在我单位里工作，你完成的这个东西，本来就是我的，怎么到现在反而成为一个有争议的东西，这个就是一个对内管理需要注意的问题。

再有一个就是同样是，比如，在对外的经营中，委托别人开发了一个产品，也给了钱也签了合同，什么都是正常的，开发出来这个产品归谁，既然我掏了钱，那应该归我，实际上不是的，谁完成的，申请专利的权利归谁，除非有约定，在我们的合同当中记载了，你是接受我的委托做出来这个东西，这个东西归委托人，这点大家要注意，可能跟我们的想象是不太一样的。所以，这些都是需要在管理最开始的时候，就要把这些关系理顺，不要让它在后期出现这种矛盾，出现问题。

3. 日常知识产权事务的处理和应对

具体到日常工作当中，就是处理知识产权的事务，主要重点就是人、物和事，关键是人，人的思想意识，人的积极性，以及人的主观能动性是最重要的。那么，首先就是让不管是从领导还是这样一个知识产权的意识，而且遇到问题之后要及时沟通，及时进行互相之间的检讨。这样才能把事情做好，把这个消息沟通好。

主要是因为知识产权是一个无形的财产权，它的基础实际上是一些官方授权的文件，或者和官方往来的文件，这些文件其实做好物的管理，主要是三个方面，一个是安全性，一个是完整性，还有一个是保密性，所谓安全性就是这个文件要放在一个妥帖的地方，不要弄的虫吃鼠咬最后都没有，丢失文件是很麻烦的事情，往往遇到的事情是一堆文件就丢了那一张，就是那张最管用。

再有一个就是完整性，我们经常会遇到这个企业各个部门来借文件，借完文件之后没有及时归还，没有人管理，这个文件借出去就回不来，完整性被破坏，完整性被破坏没有办法形成完整，我们所说证据链对我们这个案件进行支持的话，缺一样，这个事情就差得很远，这种完整性非常重要。

再有就是保密性，我们这些材料是内部材料，是内部机密，不能随意透露出去，这个事情我想大家很容易理解。

最后是对事，如果说出现了事情，无论是官方对我们的知识产权的一些要求，还是说外来的竞争对手对我们的一些知识产权事务性的沟通，或者说攻击也好都有一个正确的态度，既不能说置之不理，又不用过分担忧，如果置之不理，那官方的时限过了，可能会死案子丢权利，这是一个很大的事。对于外来一些侵权的律师函什么的，我们过分担心，拿了之后急急忙忙跟人家谈条件，这样也是不行的，还是要进行一个正确分析，然后排除我们的责任，或者说选择一个比较有利的方式进行处理。

3.8 给予初创企业的知识产权建议

对于初创企业来说，如果要建立自己的知识产权，最好是诚信发展、自主开发。不要搭便车，这种在短时期内可能会得到一点利益，但是，从长远发展来看，得不偿失。

再一个就是创新务实积极进取。举一个例子，台湾的鸿海集团，鸿海集团不一定熟悉，但是富士康清楚，OEM 代工的企业，鸿海集团在最初的时候就是代工企业，就是人力密集型、劳动力密集型，他们在发展过程中不断开发自己的新技术、申请专利，直到后来他们的专业技术在东南亚都是领先的，别人做不出来的东西，他们能做出来，大家都能做出来的东西他们做得最好。于是，欧美的企业找加工的时候，来料加工做产品都找他们做。他们一看，这个东西自己做的，要那么多的人，那么多的成本做什么，干脆就缩小，把自己的技术，许可给别人的企业，就每年坐在那里捞钱，这是创新务实，能给他们带来好的效益。

最后一个就是高瞻远瞩防患未然，怎么讲，我们现在国家经济处于一个转型时期，之前劳动力密集型，高耗能、高污染这种企业或者这种发展模式已经逐步被淘汰，而且是会加速被淘汰。那么，在转型的过程中，新发展起来的必然是科学技术密集型，低耗能、低污染的企业，在市场竞争中,占到优势的地位。在这个情况下,我们知识产权就尤为重要，所以有一个长远的眼光，尽快做好自己知识产权这个事业，避免出现之前看到的一些漏洞，这叫防患于未然，所以，有高瞻远瞩防患未然。

3.9 知识产权申请的材料和流程

1. 专利申请流程和材料

申请人在确定自己的发明创造需要申请专利之后，必须以书面形式或者电子形式向国家知识产权局提出申请。可以直接到国家知识产权局或国家知识产权局设在各地的专利代办处申请专利，也可以委托专利代理机构代办申请。

专利申请被驳回，可以自收到通知之日起 3 个月内，向专利复审委员会请求复审。对专利复审委员会的复审决定不服的，可以自收到通知之日起 3 个月内，向北京知识产权法院或其他法院起诉。

代理网址：www.zhiguoguo.com

专利申请流程如下图。

专利申请与审查流程图

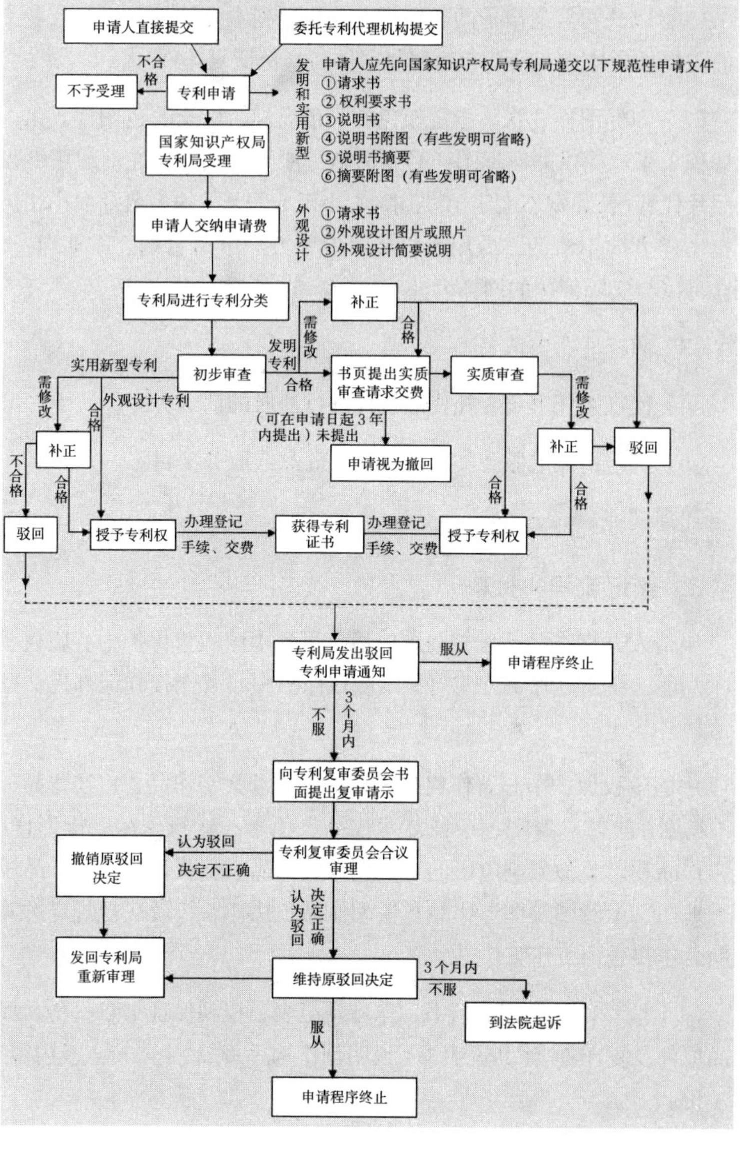
申请人直接提交
委托专利代理机构提交
不合格
不予受理
专利申请
发明和实用新型
申请人应先向国家知识产权局专利局递交以下规范性申请文件
①请求书
②权利要求书
③说明书
④说明书附图（有些发明可省略）
⑤说明书摘要
⑥摘要附图（有些发明可省略）
国家知识产权局专利局受理
申请人交纳申请费
外观设计
①请求书
②外观设计图片或照片
③外观设计简要说明
专利局进行专利分类
补正
需修改
合格
发明专利
初步审查
实用新型专利
外观设计专利
合格
书页提出实质审查请求交费
实质审查
（可在申请日起3年内提出）未提出
申请视为撤回
需修改
补正
驳回
不合格
合格
驳回
授予专利权
办理登记
手续、交费
获得专利证书
办理登记
手续、交费
授予专利权
专利局发出驳回专利申请通知
服从
申请程序终止
不服
3个月内
向专利复审委员会书面提出复审请示
认为驳回
决定不正确
撤销原驳回决定
专利复审委员会合议审理
认为驳回决定正确
发回专利局重新审理
维持原驳回决定
3个月内
不服
到法院起诉
服从
申请程序终止

2. 商标注册流程

（1）以公司名义申请的需提供营业执照副本复印件，以个人名义申请的需提供个体户工商营业执照复印件与身份证复印件。

（2）商标图样 6 张。指定颜色的彩色商标，应交着色图样 5 张，黑白墨稿 1 张。提供的商标图样必须清晰，便于粘贴，用光洁耐用纸张或用照片代替，长和宽不大于 10 厘米，不小于 5 厘米（约为名片大小相仿）。商标图样方向不清的，应用箭头标明上下方。申请卷烟、雪茄烟商标，图样可以与实际使用的同样大。

（3）商标注册申请书。

（4）代理委托书（委托代理机构进行注册的话）。

（5）确定商品或服务类别及具体的商品或服务项目。

代理网址：www.zhiguoguo.com

3. 登记流程和材料

申请人办理作品著作权登记申请，可到中国版权保护中心版权登记大厅办理，或通过邮寄方式向中国版权保护中心著作权登记部提交登记申请材料办理。

中国版权保护中心著作权登记部负责办理文字作品、口述作品、音乐、戏剧、曲艺、舞蹈、杂技艺术作品、美术、建筑作品、摄影作品、电影作品和以类似摄制电影的方法创作的作品、工程设计图、产品设计图、地图、示意图等图形作品和模型作品、法律、行政法规规定的其他作品著作权登记工作。

（1）填写作品登记申请书、作品登记表、权利保证书各一份，提交作品原件及复印件、作品说明书（说明创作构思、作品主要特点及内容等）各一份。

商标注册流程简图

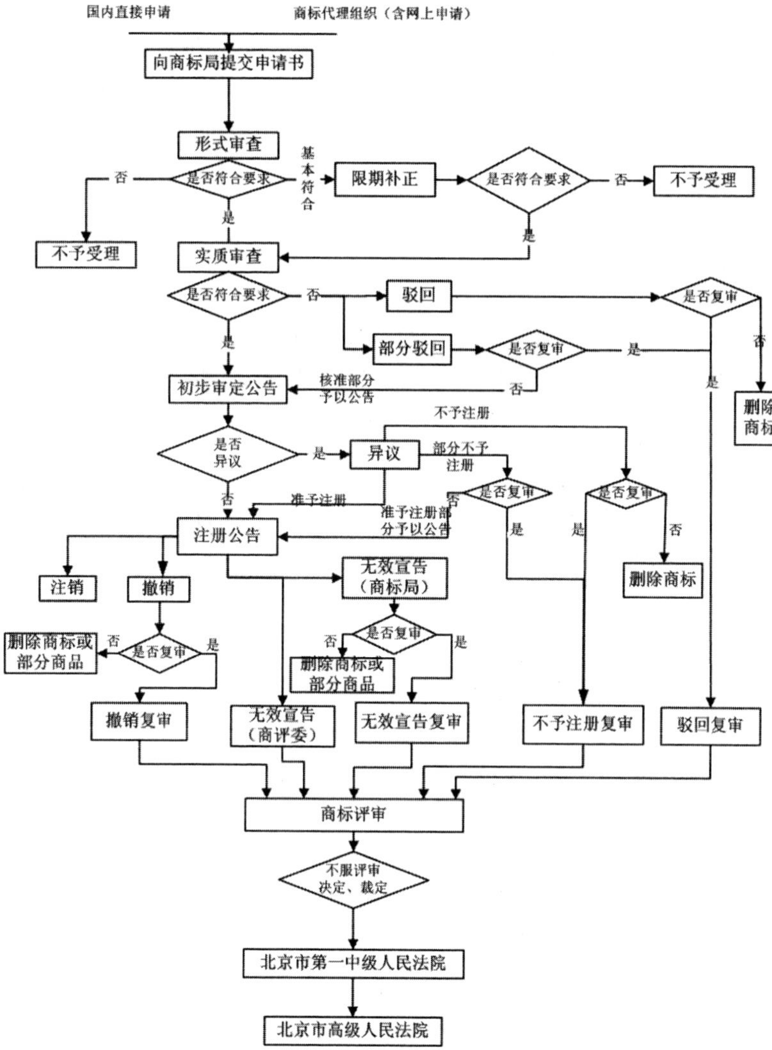
国内直接申请
商标代理组织（含网上申请）
向商标局提交申请书
形式审查
是否符合要求
否
不予受理
基本符合
限期补正
是否符合要求
否
不予受理
是
是
实质审查
是否符合要求
否
驳回
部分驳回
是否复审
是否复审
是
否
删除商标
是
核准部分予以公告
否
初步审定公告
是否异议
是
异议
不予注册
部分不予注册
是否复审
是否复审
否
准予注册
准予注册部分予以公告
否
是
是
否
删除商标
注册公告
注销
撤销
无效宣告（商标局）
是否复审
否
是
删除商标或部分商品
是否复审
否
是
删除商标或部分商品
撤销复审
无效宣告（商评委）
无效宣告复审
不予注册复审
驳回复审
商标评审
不服评审决定、裁定
北京市第一中级人民法院
北京市高级人民法院

（2）个人作者申请登记的，还应提交身份证复印件。

（3）委托创作作品申请登记的，著作权人还应提交著作权人及创作者的身份证复印件（著作权人或创作者是单位的，应提交营业执照或法人代码证的复印件、法人代表的身份证复印件）、委托创作合同或协议的原件及复印件各一份。

（4）合作作品申请登记的，还应提交合作作者的身份证复印件（合作作者是单位的，应提交营业执照或法人代码证的复印件、法人代表的身份证复印件）、合作创作合同或协议的原件及复印件各一份。

（5）职务作品申请登记的，应提交作者的身份证复印件、著作权人或专有使用权人的营业执照或法人代码证的复印件、法人代表身份证复印件、聘用合同及著作权归属证明原件及复印件。

（6）美术作品或摄影作品申请登记的，申请人除按上述情况提交有关材料外,还需提交作品照片两张(不大于3R,可电脑打印),一张贴在“作品登记申请书”左下方空白处，并在上面盖骑缝章，另一张随材料提交。

代理网址：www.zhiguoguo.com

知果果简介

知果果（www.zhiguoguo.com）是2014年3月上线的专注知识产权的在线法律服务平台，商标注册免费模式的先驱者。致力于利用互联网技术为创业者和企业级用户提供更加专业、便捷、透明的商标、版权、专利服务，打造知识产权全产业链服务，立志成为受信赖的知识产权法律电商平台。上线至今知果果服务的企业用户总量已超过15万多家，总受理业务量达17万余件，真正让知识产权产生价值，为“中国制造”向“中国智造”转型注入源源不断的创新动力。

创业
灯塔

Enterpreneurship

第4章 携手创梦：创业伙伴与创业团队

当你经过谨慎选择，决定投身创业大潮的时候，内心一定充满激情。尤其是那些即将结束大学生活，走向社会的莘莘学子，一旦下定决心要乘互联网创业的东风，靠自己的双手闯出一片天地，走出一条与众不同的路来的时候，你一定满脑子都是情怀、诗和远方，心中对于打造自己的事业帝国有着浪漫的憧憬。

然而，这里笔者却要对这些已经或者即将离开校园走向社会决定创业的小伙伴们说一声："且慢！"。是的，笔者知道你在做出这一决定的时候，已经对于自己是否适合创业，创业方向是什么，乃至如何撰写的自己的商业计划书，怎样打动投资人拿到自己的启动资金做足了功课。然而，从未经历过职场历练和人情世故考验的你，是否真的有条件迎接创业路上的风雨呢？

在最新的这波创业大潮中，大学在校生和应届毕业生无疑是其中引人注目的一支生力军，比起那些已经有过几年职场经历的创业者来说，他们其实面临着更大的考验，尤其是作为创业项目发起人和团队领头人的时候，一个毫无职场经验的人如何领导一支团队走向成功，这确实是一个需要认真审视的问题，正像人们平常所说的——"打铁还需自身硬"。

4.1 打铁还需自身硬

虽然说机不可失，时不再来，时不我待，而且我们也都知道微软创始人比尔·盖茨、FaceBook 创始人扎克伯格都是学生时代即开启了他们的事业航程，而且他们也都为了事业最终选择退学。然而，比尔·盖茨和扎克伯格的例子毕竟只是个案，更多的成功创业者往往都在正式"单飞"创业前经历过一段时间的为别人打工的职场修炼。

在这里，对于那些还在大学里学习和即将毕业走出校园并立志创业的学子们，我们还是希望你们在正式开启创业旅程前，再次检讨自己是否真的已经具备了成功创业者的素质，以及是否恰好手上有类似像早期的 Facebook 那样具有一定超前性且已经具备了一定基础的成熟项目。

如果暂时不具备这样的条件，仅仅凭着一腔热血和对“万众创新，大众创业”的时代大潮的召唤就做出了创业的决定，那么建议你不妨考虑先选择进入一家成熟的企业，一方面通过职场历练为自己将来可能的创业积累经验和人脉，另一方面也可以在此期间认真观察和思考自己选择的创业方向是否靠谱。因此，最好选择进入的企业与你将来的创业方向有一定关联，不一定是完全相同的类型，但是，至少业务方向一致。比如，想做在线教育方向，那么你可以考虑先进入传统的线下教育企业工作一段时间。

对于大学生创业，身为成功的创业者，同时也是天使投资人和大学生创业导师的新东方教育创始人俞敏洪，曾经在不同场合反复发表过类似的观点，即要理性面对大学生的创业热潮，在不具备条件的情况下，不鼓励大学生盲目创业。

2014 年 10 月，俞敏洪在“中国创业者 2014 峰会”上发表演讲时说：“不要以为创业是一件容易的事，我们这些创业成功的人，总会跟大家谈论创业成功的美妙和好处，这就像一个谈恋爱成功的人告诉你，谈恋爱不难，结果你去试一试，被每一个女人打一个耳光。成功者总是善于讲自己成功的故事，所以，想给创业者泼泼凉水。想要创业成功还是要先打好基础。”他表示想要在未来创大业，并不一定在学生时代就去创业。读书、交友才是大学最重要的事情。读书获得了创业的知识基础，而交友能学会人与人之间的相处，学会宽容，学会大度，学会欣赏。

而在另外一次访谈中，俞敏洪更是明确表示“我不是特别鼓励大学生创业，除非你有特别好的项目、特别成熟的个性，以及能拿到投资公司的钱……如果没有人给你投资，那千万别用父母的钱创业，老老实实把书读完再说。”

其他一些创投领域的专家和成功的创业者也对大学生创业热潮发表了类似的观点，某学院客座导师就曾经表示："大学毕业要不要创业因人而异，创业风险系数很高，有些人刚好有这样的机会，但是，对绝大多数人来讲还是要先工作一段时间，否则缺乏社会阅历很容易掉坑里。"

一项有关大学生创业成功率的调查统计数据，也验证了俞敏洪等专家的说法，据该项数据的不完全统计，大学生创业一年的存活率只有4.6%，而成功率则更低，可谓"九死一生"。

至于为什么会出现这种大学在校生和应届毕业生创业低存活率、低成功率的现象，更多的与大学生生活在校园中，缺乏对商业规律、职场规则、人际关系，以及公司管理方面的知识和实操经验有关。也正因为如此，更多的创投导师和创业成功的过来人建议在校大学生在学校学好知识，好好充电，毕业后首先选择一家靠谱的企业通过工作实践补上自己在学校理论学习中学不到的企业管理和待人处事方面的课程。

"感谢在外企五年的历练，公司有很完整的培训体系，我从中学到了很多东西。"一位成功者谈起走出校门后在外企5年打工经历时如是说，他的说法很好地诠释了以上观点。

创业这件事，无论是今天的科技精英们建立一家企业运作一个项目，还是古代的英雄建立一个政权开创一个朝代，都有一些共同的规律。就拿我们耳熟能详的"三国"故事来说，在东汉末年那个英雄豪杰辈出的年代，最终只有曹操集团、刘备集团和孙权集团在诸侯纷争中壮大开创了各自的基业形成三国鼎立的局面。如果把当时的各路诸侯视作创业公司的话，那么在激烈的市场竞争中存活下来的这三家"公司"，其带头人确实都各有其过人之处。曹操、刘备、孙权三人中，孙权承继父兄基业，其实是成功守业的"富二代"而并非创业者。刘备和曹操尽管出身不同，他们创业的路径也各不相同，但曹操和刘备二人在正式开始独立拉起队伍前，其实都有过给别人"打工"的经历。曹操不用说了，早年举孝廉入京为郎，后来历任洛阳北部尉、顿丘令、骑都尉、典军校尉等官职，直到陈留起兵开始创业之前，曹操一直都是在给朝廷“打工”，在别人手下工作。而这些“打工”经历无疑也为以后曹操施政领兵，最终打败袁绍统一北方打下了基础。

再看刘备，与出生于官宦之家的曹操不同，刘备虽然号称是汉室宗亲拥有皇族血脉，但是，早在其祖父辈就已经家道中衰，他本人更是为了养家不得不织席贩履，因此，从某种意义上来说，刘备其实是一介平民乘东汉末年豪杰并起的时代大潮，顺势而起、白手起家成功创业的典范。而刘备在自己独立创业之前，首先借着协助朝廷平定黄巾之乱的机会得到了安喜县尉的官职，后来历任高唐令、别部司马、平原县令、平原国相、徐州牧、镇东将军、豫州牧等职，并先后依附公孙瓒、陶谦、曹操、袁绍、刘表等人，实际上也一直给朝廷和其他诸侯“打工”，到他屯兵新野，三顾茅庐请得诸葛亮出山，其实，也不过是在刘表手下取得“半独立”的位置，直到曹操南征刘表病逝，刘备联合孙权在赤壁之战中击败曹操后，占据荆州五郡，随后又进占益州并从曹操手中夺取汉中，才算独立打拼逐渐建立了自己的霸业。

回顾刘备的创业经历，最为人们所称道的就是他善于识人和用人，除了早年结交的异姓兄弟关羽、张飞以外，武将赵云、黄忠、马超、魏延，文臣诸葛亮、庞统、法正等英杰尽集结于刘备手下，而这些蜀汉政权的得力干将大多数都是刘备早年在四处漂泊依附他人期间结交的。如果说曹操在创业前“打工”中主要积累了为政的经验,那么刘备在“打工”生涯中则主要是为自己后来的创业积累了人脉资源。

这时，再回头看创业导师俞敏洪在演讲中给予打算创业的大学生的忠告“读书、交友才是大学最重要的事情”，我们就能明白俞敏洪忠告的深意了，对于打算创业的朋友来说，岂止是大学求学阶段，在为别人打工的时候，也一定要记住，最重要的事情就是学习和交友，只不过在企业里学习的不再限于书本上的知识，而是企业经营管理的实际经验，而交友则是继续为自己将来的创业积累人脉资源。

4.2 创业伙伴

1. 如何挑选创业伙伴

徐小平老师说，合伙人的重要性甚至超过了公司商业模式。雷军讲，创始人要把大部分时间用在寻找合伙人上。一人打天下的公司越来越少了。无论是腾讯的五虎，还是新东方的三驾马车，一人打天下已经很少了。对于每个创始人来说，创业伙伴会跟团队走很长时间，需要长时间共事，合伙人之间是长期的、深度绑定的强关系，如同人生的第二次婚姻。

创业伙伴也可称为合伙人，不同于公司员工，也不同于主要出钱的投资人，而是有共同创业理念，又有创业能力及创业心态，不离不弃的"好基友"。那什么样的人才是彼此的合伙人呢？找合伙人需要考虑四个因素，第一要互相信任，第二要能力互补，第三要分工明确，第四必须出钱出力。

（1）互相信任

笔者在广州的时候，有一次股权课程上有一个公司的创始人，他的自我介绍第一句话是：我今天过来是学习股权设计的。他介绍完了以后，他的合伙人站起来说：我今天过来是学习如何不被他设计的。这两人由于关系很好，可以互相调侃。但对于一个创业公司，如果创始人在学习如何设计股权时，合伙人却在学习如何不被设计，搞成设计与反设计，对于公司来说，则是最大的内耗，也是最大的交易成本。

通常建议，合伙人之间需要在具体事情上磨合过，磨合过以后，建立了基本的信任，一方面你知道他的优点，另一方面你也能接受他的缺点，所以这也是所谓"一起同过窗，一起扛过枪"的关系，合伙人要么一开始是好朋友，要么磨合完了以后，成为好朋友，这是成为合伙人很重要的一个因素。

（2）能力互补

身份定位是很重要的。之前有很多的创业团队股权分配是采取平均分配股权的模式。但是，很多团队最终会发现这种平分股权的模式问题很大。股权评分的结果很容易出现大家都觉得自己是老大有权进行决策，最后就是内讧。因此，需要进行调整。那么这种情况下应该怎么去调整呢？无非是这么几种方案，或者其中一个或几个合伙人把一部分老股权转让给一个合伙人；或者公司向其中一个合伙人定向增发一部分股份；或者公司把部分合伙人的股份回购一部分。

如果这种调整行不通，那么就要考虑，这不是股权设计的问题，而是团队班子搭得不对的问题。

第二种模式，是一个能力强的创始人与一些能力低于自己但是有所专长的合伙人搭班子。在实践中，什么样的人适合做老大，什么样的人适合做老二呢？也没有一个标准答案，很多时候是靠对人的理解。而华为内部有一个标准什么样的人适合当部门一把手，什么样的人适合当部门二把手，这种标准很容易解决这种模式中的问题。

一把手主要是狼的性格，首先具备强烈的攻击性，因为创业本身是开拓性的事情，是一个打江山的事情。第二，一把手要比较理解公司的战略方向，包括很强的策划能力。第三要有很强的意志力，这三个特点是一把手所要具备的。老二要有一种狈的性格，既要擅长管理的，特别是精细化的管理，还要具备很强的执行力。一个公司搭班子，就是狼加狈的模式，所以，我们在这里说狼狈为“坚”，狼跟狈加在一起，才是一个稳定的结构。

（3）分工明确

确保每一人全职出力。腾讯五个合伙人里面，其实一开始就有一种清晰明确的分工，张志东负责技术，曾李青负责销售，许晨晔为首席信息官，陈一丹为首席行政官。基本上都是能力互补，五个人联手覆盖了一家巨头公司运营的方方面面。所以，互联网公司主要讲技术、产品、运营，而且不是一定说产品做老大，或者技术当老大。

（4）出钱出力

现在创业团队早期启动资金都不多，掏的钱就很少。团队的贡献在长期全职出力。但是，出钱也是对自己做好长期贡献的一个表态和铺垫。企业划分为三类人，第一类是创业合伙人，他肯定是全职进来干；而有一部分人是全职干，愿意出点钱，但是达不到合伙人这个级别的，这主要是公司的员工和高管；第三部分是投资人，他看好你的事业，愿意出钱但是不愿意进来全职干。

2. 选择合伙人的误区

（1）短期资源承诺者

刚开始创业时，有朋友提出，可以为创业者创业对接上下游的资源。作为回报，朋友要求公司给 20% 的股权作为回报。创业者把股权出让给朋友后，朋友承诺的资源却迟迟没到位。这肯定不是个案。很多创业者在创业早期，可能需要借助很多资源为公司的发展起步，这个时候最容易给早期的短期资源承诺者许诺过多股权，把资源承诺者变成公司合伙人。

创业公司的价值需要整个创业团队长期投入时间和精力去实现，因此，对于只是承诺投入短期资源，但不全职参与创业的人，建议优先考虑项目提成，谈利益合作，一事一结，而不是通过股权长期深度绑定。

（2）天使投资人

之前，有创业朋友提到，公司早期创业时，三个合伙人凑了 49 万元，做房地产开发的朋友给他们投了 51 万元，总共拼凑了 100 万元启动资金。大家按照各自出资比例，简单直接高效地把股权给分了，即合伙人团队总共占股为 49%，外部投资人占股为 51%。公司发展到第三年，合伙人团队发现，一方面，当初的股权分配极其不合理；另一方面，公司想引进外部财务投资人。多个投资人做完初步尽调后，表示不敢投他们这类股权架构。

创业投资的逻辑是：一是投资人投大钱，占小股，用真金白银买股权；二是创业合伙人投小钱，占大股，通过长期全职服务公司赚取股权。简言之，投资人只出钱，不出力；创始人既出钱（少量钱），又出力。因此，天使投资人购买股票的价格应当比合伙人高，不应当按照合伙人标准低价获取股权。

（3）兼职人员

之前，有创业朋友提到，他通过朋友介绍，在 BAT 公司找到个兼职的技术合伙人。作为回报，公司给该兼职技术合伙人 15% 的股权。起初，该兼职技术合伙人还断断续续参与项目。后来，参与很少。半年后，停止了参与。创业者觉得，花了大本钱，办了件小事，得不偿失。

对于技术大牛，但不全职参与创业的兼职人员，笔者建议按照公司外部顾问标准发放少量股权（股权来源于期权池），而不是按照合伙人的标准配备大量股权。

（4）早期普通员工

之前，有创业朋友提到，他们出于成本考虑，也为了激励员工，在创业刚开始三个月，总共才有七名员工时，就给合伙人之外的四名普通员工发放了 16% 的期权。做完激励股权后，他们才发现，这些员工最关注的是涨工资，并不看重股权。早期员工流动性也大，股权管理成本很高。对于既有创业能力，又有创业心态，经过初步磨合的合伙人，可以尽早安排股权。

但是，给早期普通员工过早发放股权，一方面，公司股权激励成本很高；另一方面，激励效果有限。在公司早期，给单个员工发 5% 的股权，很可能对员工都起不到激励效果，甚至起到负面激励。员工很可能认为，公司是不想给他们发工资，通过股权来忽悠他们，给他们画大饼。

但是，如果公司在中后期给员工发放激励股权，很可能 5% 股权就可以解决 500 人的激励问题，而且激励效果特好。在这个阶段，员工也不再关注自己拿的股权百分比，而是按照投资人估值或公司业绩直接算股票值多少钱。

4.3 人才招聘

创业公司选好了靠谱的合伙人，在注册了公司以后，下一步就是组建创业团队的另外一项重要工作——招聘员工。

由于企业尚处在创业初期，因此，相比已经拥有稳定业务的成熟公司，创业公司在人才招聘方面也会面临很多困难。比如，由于资金紧张，很多初创企业没有条件进驻地段优越的高档办公场所，这在面试的时候就会影响一些求职者对公司的印象，从而对公司望而却步。这一简单的门面问题给创业公司招聘人才带来了如此大的困扰，以至于猎豹移动总裁徐鸣在回忆创业期间招聘员工的痛苦经历时，发出感慨道："（创业）初期招人最大的痛苦是没一个高大上的办公室"。据他回忆，当时招聘来的一个研究生就是在看到他们那个很多人挤在一个办公兼宿舍的两居室后，在入职的次日就直接坐火车离开再也没回来。为此，他们当时不得不借用投资人的办公室来面试新员工，谈得差不多了再告诉对方这不是我们的办公室，我们的办公室在对面，将来有一天我们也会拥有这样的办公室。

此外，比起成熟的大企业，创业公司也很难提供更具有诱惑力的薪酬待遇，这也会对招聘人才，以及留住人才形成困扰。因此，本节我们将重点介绍创业公司如何招聘到适合自己的人才，以及如何留住人才这两个问题。

1. 常规招聘方式

任何企业招聘人才，首先就是要选择适合的招聘渠道。一般企业招聘，主要有以下几个渠道。

（1）通过各种互联网招聘平台，这是最常见的招聘渠道。

（2）猎头公司提供的猎头服务，主要用于招聘高级人才。

（3）内部员工推荐或熟人推荐等渠道招聘。

以上几种找票渠道各有优劣，创业企业招人最好能综合运用。

通过互联网招聘平台进行招聘,是一种比较“传统”的人才招聘方式。一般这类平台提供的服务主要有两种：一是发布企业招聘信息，让求职者通过企业的招聘信息主动投递简历应聘；第二种方式是根据企业的招聘需求条件在招聘平台的人才数据库中搜索，并下载匹配的简历，然后企业根据简历中的联系方式主动联系求职者。

对于通过互联网招聘平台进行招聘，需要注意以下几个问题。

（1）根据自己的业务需求选择合适的招聘平台。不同的招聘平台的特点决定了在他们上面聚集的人才也各不相同。比如，传统的三大招聘网站，往往更适合招聘传统行业的市场、销售、策划等方面的人才，相对来说钟情于互联网企业的求职者，特别是互联网创业公司需要的技术人才，往往更多聚集在拉钩、若邻这样的新兴移动互联网招聘平台。猎聘网这样的兼有猎头功能的平台，则更适合寻找资深的高级人才。而如果你的创业项目是区域性 O2O 平台，那么招聘人才就应该首先选择本地的地方招聘平台。

（2）使用互联网招聘平台的服务多数需要付费，其中，一些新兴的移动互联网招聘平台可以免费发布企业招聘信息，但是，通常在数量上和功能上有限制，如果在这类平台上免费发布招聘信息后发现效果不好，那么建议还是考虑相应的付费服务，毕竟一分钱一分货。

（3）总体上，看到企业招聘信息后主动投递简历的求职者比通过搜索下载的简历获取的人才信息更靠谱。前者是求职者主动向企业“投怀送抱”,因此,企业在招聘中占有更主动的地位;后者属于企业主动“勾搭”求职者，有时可能对方刚刚找到称心的新工作而已经没有求职意愿，或者因为好久没更新简历导致企业看到的是一份信息已经过时的简历。鉴于一般招聘平台下载简历都是收费服务，因此，在此建议还是优先选择发布招聘信息吸引人才，搜索并下载简历去勾搭求职者，则是一种在迫不得已的情况下的备选方案。

（4）请注意及时刷新你的招聘信息，以免它像论坛中的老帖子一样“沉底”，而不被求职者看到。

2. 非常规招聘方式

除了以上的常规招聘方法外，以下几种非常规人才招聘方式也值得创业公司考虑。

（1）利用人际关系通过朋友和朋友的朋友的推荐来搜寻人才，或者干脆就把自己的同学、朋友直接拉下水，加入你的创业公司。由于是熟人介绍，往往能找到更可靠的人才。但是也要注意，对于所有熟人推荐来的人才，同样要经过公司的正规面试流程严格挑选，而不能因为人情而忽略了必要的人才考核流程。

（2）以前的同事也是一个值得考虑的人才来源。以前的部下、上级。一起加过班，一起发过牢骚，彼此在工作中已经有过很好的磨合，比起完全不认识的生人，团队的形成会更加迅速和高效。

（3）利用微信朋友圈、QQ 群等渠道把招聘信息扩散出去，让朋友、网友自荐或推荐靠谱的人才给你。

（4）有机会多参加行业交流活动，以及各种创投圈的交流活动，前者可以让你有机会结识行业内的专业人士，也许在不经意间就能邀请到真正认同你的理念的小伙伴加盟。后者则让你有机会邂逅那些在创投圈里徘徊的有理想的人。经常互相交流，说不定哪天大家就能找到机会合作了。

（5）除了以上渠道以外，到技术论坛或者与你的创业方向相关的论坛（比如，你的创业项目是游戏开发，就可以去注册一些游戏策划经常出没的论坛账号）直接发帖，或者直接到大学的公告栏上张贴小广告，这些方法虽然比较另类，但简单粗暴有时反而能让你找到需要的人才。

总之，创业公司招聘人才只要遵循不拘一格，多种渠道并重网罗人才的原则，就能有效规避短板，找到志同道合的伙伴，组建起自己的团队。

3. 创业公司如何打动并留住人才

根据以上原则选对招聘渠道，只代表你打通了和潜在人才之间的通道，让你能够找到适合公司的潜在人才，对于“总览英雄，思贤如渴”的创业公司来说，这仅仅是迈出了正确的第一步。接下来的面试环节，将是对候选人才做进一步甄别，并打动他加入自己公司的关键步骤。

对于创业公司的人才面试，在公司规模超过 300 人之前，建议每位应聘者都应该安排创始人 /CEO 亲自面试，只有这样才能保证你能够亲自向候选人传达公司的理念，并真正了解这些人才。当然，如果招聘某一领域的专业人才，那么还应该安排公司相关的业务主管来进行专业领域的面试。比如招聘程序员，就应该安排 CEO 与 CTO 对候选人进行联合或分别面试。

在面试中，除了一些通常的（面试官与应聘者之间）例行的彼此询问对方情况以外，作为面试官的你更应该注意把握面试气氛，不要把面试变成单纯一问一答的考试，而应该让它成为公司创始人与候选者之间的一场对话。你应该把握这次机会，向候选人阐明公司的价值观和使命。

在这里要注意避免生硬地宣讲，最好是在一种共同探讨中，自然阐述你对公司使命的看法，同时，注意观察候选人的反映，比如他是否在认真倾听并真正了解你的意思，还是仅仅出于礼貌的敷衍，或者为了获得这个职位而对你刻意逢迎。要记住，只有真正认同你的公司使命和价值观的人才，才会在加入公司后迅速融入团队，并长久留下来，与团队为共同的理念而拼搏。

当然，仅仅通过一次面试谈话很难完全确认该候选人的真实能力如何，与他共事的感觉会如何。因此，建议一是在面试的时候，如果有条件，则可以设计一些实际的工作能力测试来考察候选人的真实能力水平，比如，对于应聘美术设计的人员，除了看他的作品展示以外，还可以请他当场完成一些简单的工作，以根据其在实际操作中的表现来判断他的工作能力。如果条件允许，则还可以让候选人在正式被聘用前先进入公司工作一两天，公司可以按聘用工资的平均日工资标准来支付报酬，对于在职候选人，这个聘前试用甚至可以安排在晚上或周末。这样，就可以更全面地考察和评估候选人是否真的是你需要的人才。

当把人才招揽进公司以后，还要考虑如何才能长久地留住他为公司服务。在这方面，创业公司由于资金、实力等方面的限制，往往很难像那些实力雄厚的成熟大企业一样靠高出行业平均水平的丰厚薪酬来留住人才。然而，创业公司也有自身的优势，比如机制灵活、较少官僚主义作风，以及有更亲和轻松的公司氛围等。所以，创业公司留住人才应该充分发挥自己的优势，在此提出几个建议。

第一，除了薪酬以外提供丰厚的股权回报激励机制，创业公司对于优秀人才要舍得股权。这方面可以参考本书有关股权激励方面的内容。

第二，提供灵活的机制，让员工享受到大企业无法实现的个性自由空间。比如，弹性坐班制度，远程在家办公，允许携带宠物来公司上班，周末加班时，允许员工亲属子女来公司陪伴等。

第三，培养轻松的企业氛围，并在公司条件允许的范围内，为员工提供良好的福利。比如，开放自由的办公空间，免费午餐、每日水果、随时可以取用的免费茶点、免费的健身房、休息区等。这些福利将会在一定程度上弥补因公司尚未挣钱而暂时不能和那些行业巨头比薪酬所带来的缺憾。

第四，提供更好的个人发展和提升空间。大企业固然待遇优厚，但是，也往往有职业晋升的天花板，对于资历或者关系不够的普通员工来说，不但入职门槛高，而且职业生涯的上升通道往往比较狭窄。而创业公司则可以利用灵活的机制对人才破格使用，并提供广阔的发展空间。有些求职者由于自身的一些缺陷往往被大企业拒之门外，比如，没有名校学历，因病休学而未能拿到毕业证书等，这些人未必没有真才实学。对于这样的人才，如果你发现并录用，他们往往对企业忠诚度更高，也更容易随着企业的发展而成长。一些大企业职级晋升往往要看资历，这必然会挫伤一些年轻人的积极性，而创业公司恰恰可以在这方面提供更大空间，只要真正有才能，不论资历，唯才是举破格提拔，这往往也成为员工忠于企业，愿意长久留在公司共同成长的动力。

第五，薪酬设计上向重点人才倾斜。尽管由于尚处于创业阶段，还无法给自己的员工普遍提供高于行业平均水平的薪酬待遇。但是，对于一些可能对公司的发展产生决定作用的关键岗位上的重点人才，你必须舍得花钱，甚至应该提供远高于行业平均水平的薪资，把这样的人才请到自己的公司来。比如，对于一家以互联网技术产品为主营业务的公司，优秀的产品经理或者资深的技术开发人员；对于销售导向的公司，一位掌握大量行业客户人脉关系的优秀销售主管。这样的人才的加入，有可能为你的公司业务推进带来巨大的推动作用，那么他们是值得你花大价钱聘请的。通常，对于创业公司来说，比较合理的薪酬结构应该是重点人才高于业界平均水平，而其他员工待遇则比业界平均工资略低或持平，再辅以丰厚的股权激励制度。

只要做到以上几点，相信刚刚起步的创业公司也能吸纳并留住优秀人才，为公司发展奠定基础。

4.4 创业团队股权分配

1. 创业团队股权结构的重要性

之前，遇到一个创业者，做的是互联网教育。这个企业早期有三个创业合伙人。他们首先大致算了一下这个项目需要 100 万元启动资金，盘点了一下三个创始股东，各自能出多少钱。老大能出 50 万元，老二能出 30 万元，老三能出 20 万元。随后他们确定了一下股权比例，出多少钱占多少股，然后，他们就办理了工商变更登记手续。

但后来股权出问题了。公司做了半年时间，老二提出离职，一方面他跟老大、老三不和。另一方面，外部有一个其他的创业团队拉他入伙。但当他离职的时候就出现了一个问题。他出了 30 万元，干了不到半年，占了公司 30% 的股份，这个股份怎么去处理。

当时，要退出的老二，坚决不同意退股份。他有三个理由，第一，这个股份也不是免费拿的，是花了 30 万元买了公司 30% 的股份；第二，中国的公司法没有规定，在股东离职的情况下，还需要把股份退出来。第三，公司章程没有约定，在股东离职的情况下，还需要把股份退出来。所以，他坚决不同意退出股份。

这时，老大跟老三傻眼了，他们确实找不到任何合法的理由，能把老二的股权收回来。但是，他们又认为这件事情既不公平，也不合理。他们未来还可能继续运营这个公司五年、十年。那十年以后，老二跑回来讲这个公司三分之一是自己的，这是不合理的。

这件事导致的结果就是，第一，导致创始人内部的股权战争内讧；

第二，投资人认为这个股权结构不合理，要等股权调整到健康的情况下，再考虑投资的事情，所以，后面资本也投不进来。

创始人团队内部觉得不公平闹分裂、投资人不愿意投，在大家都不满意的情况下，你觉得这个公司能做大吗？所以，公司能不能做大倒不仅仅取决于公司的股权结构是否合理，但多数能成长起来的公司，通常都拥有合理的股权结构。

像上面举例的那家公司，往往会导致另外一个结果，就是留下的股东觉得既然股权结构不合理，那就再注册一家公司接着去做原来的业务。但是这种结局，显然对所有人都不是一种好的结果。在某种情况下，还可能导致参与组建新公司的股东涉嫌转移公司资产，甚至涉嫌刑事犯罪。

2. 互联网时代，人力资本创造主要价值

绝大部分公司创业团队的股权分配有三个基本特点：第一，把创业者当成投资人，钱出完了就不管了。第二，只对钱定价，不对人定价，不考虑未来有没有参与这个项目。第三，股权只有进入机制，没有调整机制，也没有退出机制。其实，这些股权分配，既符合中国的公司法也符合我们工商口制定的章程，还符合传统的股权分配理念。但是，这些股权出问题了。

出了问题，我们就要考虑，是什么原因导致的？之前，大家都是这么分，也没有出问题，为什么现在出问题了？我们分析发现，其实，两个时代特点不同，这种股权分配已经不适合现代了。

工业经济时代的特点是：公司是资金驱动型、资源驱动型的，公司的大部分员工基本上都是体力劳动者，典型代表就是富士康。有钱的时候就能买机器设备，有钱就能雇员工。这些劳动力资本和资产资本就可以为公司创造价值。工业经济时代，公司只需要钱的贡献，不需要考虑

那么多人的贡献。工业时代是资金创造主要价值，人创造次要价值，所以只需要考虑钱的贡献。

而互联网时代，很多企业都是轻资产企业，钱在创造价值，但是，公司最大的价值是人在创造最主要的价值。风投早期的时候，投资人出 300 万元占 10% 的股权，而团队可能出 30 万元就可以占 90%。典型代表企业就是滴滴，现在估值 250 亿美元，一个点的价值是 2.5 亿美元，苹果投资了 10 亿美元，也只能占到 4 个点的股份，而团队出的钱很少，但是，占了很大一部分股份。

所以，现在这个时代人在创造最主要的价值，钱只创造一部分价值。那么，传统模式的股权分配难以适应，我们要重新考虑股权分配。第一，既要对钱定价，也要对人定价；第二，对钱定价是对股东历史贡献的认可，对人定价是对股东未来贡献的认可。第三，股权，特别是人力占的股权，既要有进入机制，也要有调整机制和退出机制。

3. 股权分配主要模型

对于公司的股权分配，创业合伙人之间各自具体应该分多少。如果去问马云，当年阿里巴巴十八罗汉股权是怎么分的，有没有科学准确的方法，也可以借用一下？那么笔者相信马云给不了你答案；如果去问马化腾，当年腾讯五虎股权怎么分的，有没有科学的、准确的，精确到小数点后一两位的方法，是不是也可以照搬下？那么相信马化腾也给不了你答案。对于创业团队的股权分配，如果是算具体的特别精确的数据，那么笔者相信没有特别科学的方法。

创业团队的股权分配，去算细账，算到头发花白，可能也算不明白，但是不是没有方法区分呢？基于创始人股权集中度相关，以及《公司法》对 67%、51%、34% 三个核心数据相关规定，笔者建议，创业团队股权分配可采用三个模型：一是绝对控股型，二是相对控股型，三是不控股型，来帮助大家更好地去分配股权。

（1）绝对控股型

这种模型的典型分配是创始人占三分之二以上，即 67% 的股权，合伙人占 18% 的股权，预留团队股权为 15%，这就叫绝对控股型。绝对控股型适用于创始人投钱最多，能力最强的情况。在股东内部，绝对控股型虽然形式上民主，但是，最后是要老板拍板的，所有人反对的事情他都能做。

（2）相对控股型

创始人持股比例为 51%，合伙人团队持股为 18%，员工持股为 15%。这种模型适用于公司有一个老大，创业能力相对比较集中，但创始人一个人也玩不转，需要其他的几个合伙人跟他一起做事情，形成能力互补。在决策层面上，相对控股型，大家可以民主讨论，有权反对，但除了少数几件大事，比如，公司要不要增加资本，要不要解散结算，要不要更新公司章程，其他绝大部分事情老大一个人就能拍板。

（3）不控股型

公司老大占 34% 的股权，合伙人团队占 51% 的股权，团队激励占 15% 的股权。这种模型主要适用于：合伙人团队能力互补，每个人能力都很强，老大只是有战略相对优势。所以，基本上合伙人的股权就相对平均一些。

对于创业团队来讲，基于搭班子、创始人创业能力和创业资源集中度等情况，可分为绝对控股型、相对控股型、不控股型三个模型，其实看一个家庭，也是这三个模型：绝对控股型类似妻管严模式，老婆说了算；相对控股型，类似夫妻在很多事情上一起来商量，商量完后，有一个人能拍板；不控股型，类似夫妻谁说了都不算，意见不一致时，经常发生家庭战争和纠纷。

4. 股份预留与代持

在创业团队的股权分配模型里，投资人的股份没算在里面。有些创始人，说团队内部后面要融资，先预留一部分由创始人代持。但是，预留后面会面临很大的问题。第一从法律关系上来讲，假设创始人预留了20% 的股权给后面的投资人。后面投资人从他手里面买股份，这就叫买老股。

从法律关系上来讲，首先，这是投资人跟创业者个人股份之间的关系，不是跟公司之间的关系。这个钱进不了公司账户，从而成为创始人个人变现，不是公司融资。其次，一旦卖老股份，投资人出很高的溢价进来，你马上就面临很大的一笔税。所以，笔者不建议一开始给投资人预留股份，可以进来以后大家共同稀释。

那么，团队激励股权为什么一定要预留呢？团队激励股权不是说一定得预留，只是建议大家预留。预留主要能解决两个方面的问题。第一个是充当调整机制。很多创始人刚开始创业的时候，找合伙人其实没有多少选择余地。只是觉得凑合就一起干了，但是过段时间，你发现这个人只能算是一个中层管理人员。

所以这个时候，我们预留的部分解决了两个问题。第一是如果早期的时候股权分配不合理，那么这个时候可以调整一部分到代持的老股里面去。第二是有些人后面参与进来，不管是高管、合伙人或者是员工，也可以通过预留股权去处理。

4.5 创业团队股权管理

1. 控制权管理

我们分析了国内外上市的做得比较好的互联网方面的公司。创始人所占股份平均为20%左右，这是比较常见的一个数据。阿里上市之后，马云只剩下7%~8%股份，马化腾在上市之后也就只有20%股份左右。基本上上市公司的老大们都只剩下20%股份左右，在这种情况下，大家就会考虑，公司的控制权会不会出问题。

关于公司的控股权，我们可以拿中国的两家标杆型企业来讨论，一个是阿里巴巴，一个是万科，这两家公司股权有三个共同点：一是这两家公司的股权都很分散，二是它们的经营团队都不控股，三是两个公司都是事业合伙人制。

马云的股份很少，马云在上市之前的股份只有8.9%，上市之后只剩下7.8%。加上其他团队成员，在上市后总计也就持有10%的股份。万科的股份，也是很分散的，管理团队通过盈安合伙持有4.14%的股份，股份很少。但是，两家公司产生了完全不一样的结果。阿里巴巴上市后，马云依靠事业合伙人制度，牢牢控制阿里巴巴，不担心失控的问题；但再看看万科，不停遭受外部挑战，公司的控股权一直处在不稳定的状态，2015年年底到现在，万科的股权大片到现在还没有结束，所以，类似的股权结构，导致了两家公司完完全全不一样的控制权。

不是说只有控股才能控制公司，不控股的老板也能控制公司。这就有了以下几种控制方式。

（1）投票权委托

最典型的是京东。京东在上市之前，烧了很多钱，刘强东的股份很少。所以，对于后来的投资人都有前提条件，就是要把投票权委托给刘强东。刘强东在上市之前有20%的股份，但是，却有50%的投票权利。

（2）一致行动人协议

简单来讲就两条。第一条是所有事情先要在董事会内部进行民主协商得到一个一致意见。如果不能协商出一致意见，那就以老大的意见为主，虽然说我也不赞成这个事情，但是既然我签了这个协议，就按老大的意思办。

（3）持股平台

针对于有限合伙。老板可以把合伙人、员工的股份，放在员工持股平台上。通过这种方式，老板可以把合伙人跟员工的股权全部集中到自己手里面。因为有限合伙分为普通合伙人和有限合伙人。普通合伙人即使持有万分之一的股份，这个持股平台里面股份都是他的，他可以代理有限合伙的权利。有限合伙人主要是分钱的权利，基本上没有话语权。因此，通过有限合伙企业持股平台方式，创始人只要在持股平台只持有少量股份，就可获得持股平台的投票权。

（4）AB 股计划

AB 股计划通常是外部投资人 1 股有一个投票权，运营团队 1 股有 10 个投票权，也可以放大更多。比如，京东刘强东 1 股有 20 个投票权，所以，他有将近 90% 的投票权，国外也有些互联网创业公司，约定创始人 1 股有 70 个投票权。

2. 股权进入机制

创业团队获得股权，底层逻辑“货币资本 + 人力资本”出资，即出资包含货币资本和人力资本，其中，人力资本是创业团队获得股权的核心。

货币出资为主。创业团队获得股权时，应做好激励机制和约束机制。

（1）激励机制：根据承担的创业风险，职位、贡献大小等要素，进行股权激励，创业团队只需掏少部分现金，即远低于外部估值的价格，获得股份。

（2）约束机制：股权的兑现和员工的全职服务期限挂钩，分期兑现，团队成员应承担全职投入、不从事同业竞争、在职期间劳动成果归属于公司等。

3. 股权退出机制

很多创业团队，合伙人的变动会很频繁。对于退出的同时避免团队股权战争问题，笔者有四个建议：创始人发限制性股权，股权分期兑现，约定回购机制，做好预期管理。

（1）创始人发限制性股权

专业的机构人进来以后，都不要求创始人的股份分四年兑现。而且在中间离职的情况下，公司可以回购股份。其实，资本进来以后，拿的都是限制性股权。

无论融资与否，上市与否，都需要套用限制性股权。创业人早期只掏了三五万元现金，拿了 20% 的股份，干了不到半年，公司做到 5 千万元或者 1 亿元，谁都不希望看到他仅靠一点贡献就拿走一大笔钱。所以，建议大家拿限制性股权。

限制性股权简单来讲，第一它是股权，可以直接办理工商登记。第二它是有权利限制的，这种权利限制可以四年去兑现。而且在中间离职的情况下，公司可以按照一个事先约定的价格进行回购，这就叫限制性股权。限制性股权的限制就在于分期兑现，公司可以去回购。

（2）股权分期兑现

分期兑现有这样几种方式，第一种方式是约定四年，每年兑现四分之一。第二种方式是任职满两年兑现 50%，三年兑现 75%，四年 100%。

第二种方式是为了预防短期投机行为，小米的员工股权激励就是按照这种模式。

第三种方式是逐年增加，第一年 10%、第二年 20%、第三年 30%、第四年 40%，就是干的时间越长，兑现的越多。

第四种方式是干满一年兑现四分之一，剩下的在三年之内每个月兑现四十八分之一。这种方式首先干满一年才可以兑现，其次每干满一个月兑现一个，算得比较清楚。这几种模式其实对团队来讲，是不同的导向，可以根据自己的实际情况进行选择。

（3）约定回购机制

股份约定回购机制的关键是回购价格定多少。因为有一些公司一开始约定说，在合伙人离职的情况下，双方按照协商一致的价格去回购。所以这里有以下几种方式。

一是参照原来购买价格，按银行同期存款利息或溢价，确立回购价格。

比如，原来的话是10个点的股份掏了10万元，如果到了两三倍，那一定得是溢价。

二是参照公司净资产，确立回购价格。

当公司干到第三年、第四年的时候。那时公司本身资产假如已经有1亿元了。按照人家原来购买价格的溢价，那么人家干的这几年都白干了。所以对于重资产企业，可以参照净资产来定。因为回购是一个买断的概念，相当于把对方未来十几年的财富都断掉了，所以从公平合理的角度来讲，还得有一点溢价。

三是参照公司最近一轮融资估值的折扣价，确立回购价格。

为什么要折扣回购呢？基于几个考虑，一是基于公平合理的考虑，互联网公司的估值通常水分比较高，而且投资人主要投资公司的未来，5千万元、1亿元的估值是认为未来公司值这么多钱，而这个估值是可变的，并不代表离职的时候就是这个价格。二是从公司现金流压力考虑，如果完全按估值价格回购，很有可能融了一两千万元，一个重要合伙人离职，那有可能融资款不够回购公司的股权。三是从公司团队的导向出发，这个导向就是引导大家长期干。

（4）做好预期管理

对于这些合伙人股权的退出机制，之前也有很多创业者提出来，认为这套机制有它的合理性，但是，在实际操作过程中，公司还没有做起来，就跟合伙人讨论具体的退出话题，会有很大的压力和困难。就好比一个小伙子，刚找了女朋友，大家还没有赚到房子车子，还没有结婚，就讨论未来怎么分房分车，很有可能房子车子还没有赚到，女朋友先分手了。

对于这个问题，笔者通常建议大家，创业合伙人股权分配，特别是对于退出机制这块，先要在软的理念层面达成共识，达成共识后，再讨论硬的制度设计。在软的理念上，建议大家至少要沟通四个层面。

一是，去和团队沟通，大家作为创业合伙人分股权，分了公司大量股权，主要是基于长期参与，长期看好这个项目，而不是短期投机行为。

二是，对于创业团队来讲，大家拿的股票主要价格，是长期全职出力，大家早期出钱主要是启动资金，不是股票的真实价格。

三是，如果股份没有退出机制，中间有人拿了大量股份，在离职不回购的情况下，那么对其他股东，不公平也不合理。

四是，对于股份的分期成熟，包括回购机制，创始人要带头遵守，因为我们发现，很多团队，创始人制定游戏规则，全都让别人去遵守，自己不遵守，在这种情况下，会加大团队的博弈。因此，所有合伙人要同一套标准，游戏规则值得所有人尊重。

所以，对于这四点，很多时候我们发现，如果在软的层面达成共识的情况下，后面签股权分配协议，包括退出机制，大家签得很快，不会有任何讨价还价的余地，大部分人认为，有退出机制，有分期成熟才是公平合理的。

4.6 创业股权体检工具

我们见过形形色色的股权故事，也处理过形形色色的各种股权事故，在这些股权故事和股权事故基础上，提炼一些经常容易出现的问题，这其中每一个问题背后都是教训。针对初创企业，我们提炼出十个关键问题，形成创业股权体检工具。2014 年，我们三天内共收集了 2134 位创业公司股权体检数据，供大家参考。

序号	问题	选择“是”人数	占比	选择“否”人数	占比
1	创业团队是否有大家信服明确的老大	1846	86.50%	288	13.50%
2	创业团队是否有合伙人	1756	82.29%	378	17.71%
3	创业团队是否签署了合伙人股权分配协议	920	43.11%	1214	56.89%
4	创业团队是否完全按出资比例分配协议	1279	59.93%	855	40.07%
5	创业股权是否有退出机制	1257	58.90%	877	41.10%
6	外部投资人是否控股	416	19.49%	1718	80.51%
7	是否给兼职人员发放大量股权	281	13.17%	1853	86.83%
8	是否给短期资源承诺者发放大量股权	269	12.61%	1865	87.39%
9	是否给未来管理团队与员工预留了一定比例的股权	1759	82.43%	375	17.57%
10	创业团队成员离婚，是否有限制配偶不能成为股东的规定	853	39.97%	1281	60.03%

1. 创业团队是否有大家信服明确的老大

企业的股权架构设计，核心是老大的股权设计。老大不清晰，企业股权没法分配。创业企业，要么一开始就有清晰明确的老大，要么磨合出一个老大。很多公司的股权战争，缘于老大不清晰。比如，2016 年 5 月 18 日，国内首批送药上门的平台药给力，药给力运营合伙人、技术总监、人力资源总监、产品总监、市场总监五位联合发布了一份声明，宣布药给力因为“融资和公司资金压力”，1 小时送药上门业务已经停止，在声明中提到，公司之所以发生这样的变化，CEO 任斌和和 COO 佟靖对经营策略存在不可调和的矛盾。在创立初期，CEO 任斌和的股份是 55%，COO 佟靖的股份是 45%，其中，还包括了员工的代持股份，双方的股份都被稀释，“现在相差还更少”。任斌和与佟靖股份过于平均，在经营策略分歧时，导致了各方都没独立决策的权利。

企业有清晰明确的老大，并不一定代表专制。苹果、微软、Google、BAT、小米……这些互联网企业都有清晰明确的老大。老大不控股时，这些企业都通过 AB 股计划、事业合伙人制等确保老大对公司的控制力。创业团队的决策机制，可以民主协商，但意见分歧时必须集中决策，一锤定音。在公司的股东会与董事会层面，老大只有对公司有控制，公司才有主人，才不会沦为赌徒手里不断转售的纸牌。老大在底层运营层面适度失控，公司才能走出老大的短板与局限性。有些声称试验失控的创始人，也未必敢在公司股权层面冒险失控。

2. 创业团队是否有合伙人全职参与

在过去，很多创始人是一人包打天下。在现在，新东方三驾马车、腾讯五虎、阿里巴巴十八罗汉……我们已经进入了合伙创业的新时代。创始人单打独斗心力难支，合伙人并肩兵团作战共进退才能胜出。创始人需要寻找在产品、技术、运营或其他重要领域可以独当一面的同盟军。“初创企业合伙人的重要性胜过风口的商业模式”，并不为过。在实践中，有很多创业者问如何做“员工”股权激励，但很少有创业者问如何做“合伙人”股权设计。即便有些创业者意识到合伙人的重要性，但见到他们公司的股权架构时就会发现，上边还是“慈禧”，下边还是“义和团”。

他们认为的重要合伙人，很少持股。

合伙创业，合伙人既要有软的交情，也要有硬的利益，才能长远。只讲交情不讲利益，或只讲利益不讲交情，都是耍流氓。

3. 创业团队是否完全按出资比例分配股权

如果把创业看成一场远距离的拉力赛，那么赛车手最后可以胜出的原因，至少包括跑道的选择、赛车手的素质与跑车的性能。跑车赖以启动的那桶汽油，肯定不是胜出的唯一重要因素。创业企业合伙人的早期出资，就好比是那桶汽油。

在过去，如果公司启动资金是100万元，出资70万元的股东即便不参与创业，占股70%是常识;在现在，只出钱不干活的股东“掏大钱、占小股”已经成为常识。在过去,股东分股权的核心甚至唯一依据是“出多少钱”，钱是最大变量。在现在，人是股权分配的最大变量。笔者见到很多创业企业的股权分配，都是“时间的错位”：根据创业团队当下的贡献，去分配公司未来的利益。创业初期，不好评估各自贡献，创业团队的早期出资就成了评估团队贡献的核心指标。这导致有钱但缺乏创业能力与创业心态的合伙人成了公司大股东，有创业能力与创业心态，但资金不足的合伙人成了创业小伙伴。我们建议，全职核心合伙人团队的股权分为资金股与人力股，资金股占小头，人力股要占大头。人力股要和创业团队四年全职的服务期限挂钩，分期成熟。

4. 创业团队是否签署了合伙人股权分配协议

创业团队股权的一些进入机制（激励股权预留、股权比例与出资比例不一致等）与退出机制（分期成熟、回购等），很难写进工商局推荐使用的标准模板公司章程。因此，笔者建议，创业团队就股权的进入机制与退出机制单独签署合伙人股权分配协议。

5. 创业合伙人是否有退出机制

合伙人股权战争最大的导火索之一，是完全没有退出机制。比如，有的合伙人早期出资5万元，持有公司30%的股权。干满六个月就由于与团队不和主动离职了，或由于不胜任、健康原因或家庭变故等被动离职了。离职后，退出合伙人坚决不同意退股，理由很充分:(1)《公司法》没规定，股东离职得退股；(2)公司章程没有约定；(3)股东之间也没签过任何其他协议约定,甚至没就退出机制做过任何沟通;(4)他出过钱，也阶段性参与了创业。其他合伙人认为不回购股权，既不公平也不合情不合理，但由于事先没有约定合伙人的退出机制，对合法回购退出合伙人的股权束手无策。

对于类似情形通常建议。

(1)在企业初创期，合伙人的股权分为资金股与人力股，资金股占小头（通常占10%~20%），人力股占大头（通常占80%~90%），人力股至少要和四年服务期限挂钩，甚至与核心业绩指标挂钩。

(2)如果合伙人离职，那么离职合伙人可以兑现资金股与已经成熟的人力股，但未成熟的人力股应当被回购。

(3)鉴于中国人“谈利益，伤感情”的观念，笔者建议，合伙人之间首先就退出机制的公平合理性充分沟通理解到同一个波段，做好团队的预期管理，然后再做方案落地。

6. 外部投资人是否控股

林子大了，什么鸟都有。对股权缺乏基本常识的，不仅仅是创业者，也包括大量非专业机构的投资人。比如，我们看到，有投资人投70万元，创始人投30万元，股权一开始简单、直接、高效、粗暴地做成7:3，但是，项目跑两年后，创始人认为，自己既出钱又出力，却干成了小股东，投资人只出钱不出力却是大股东，不公平。想找其他合伙人进来，却发现没股权空间。投资机构看完公司股权后，没有一家敢进。优秀合伙人与后续机构投资人进入公司的通道都给堵上了。我们见过太多上市公司投资三五百万元，甚至有的孵化器投资三五十万元，都热衷于控股创业企业。他们认为，股权占比抢得越多越好。很多初创企业，一开始把股权当大白菜卖。等到公司启动融资，发现股权结构不对，想对股权架构进行调整时，发现微调早期投资人股权就是动人家价值三五百万元的蛋糕，是活生生地“烤”验人性。人性，又很难经得起“烤”验，结果经常是鸡飞蛋打。

7. 是否给兼职人员发放大量股权

我们看到，很多初创企业热衷于找一些高大上的外部兼职人员撑门面，并发放大量股权。但是，这些兼职人员既没有时间投入，也没承担创业风险。股权利益与其对创业项目的参与度、贡献度严重不匹配，性价比不高。这也经常导致全职核心的合伙人团队心理失衡。

对于外部兼职人员，笔者建议以微期权的模式合作，而且对期权设定成熟机制（比如，顾问期限、顾问频率，甚至顾问结果），而不是大量发放股权。经过磨合，如果弱关系的兼职人员成为强关系的全职创业团队成员，那么公司可以给这些人员增发股权。

8. 是否给短期资源承诺者发放大量股权

很多创业者在创业早期希望借助外部资源，容易给早期的资源承诺者承诺过多股权，把资源承诺者当成公司合伙人大额发放股权。但是，资源入股经常面临的问题如下。

（1）资源的实际价值不好评估。

（2）资源的实际到位有很大变数。

（3）很多资源是短期阶段性发挥作用。

（4）对于价值低的资源，没必要花大量股权去交换。

对于价值高的资源，资源方也不愿意免费导入。因此，对于资源承诺者，笔者通常建议，优先考虑项目合作，利益分成，而不是长期股权深度绑定。即便股权合作，主要也是与资源方建立链接关系，通过微股权合作，且事先约定股权兑现的前提条件。

9. 是否给未来管理团队与员工预留了一定比例的股权

创业就像接力赛，需要分阶段有计划地持续招募人才。股权是吸引人才的重要手段。因此，创业团队最初分配股权时，应该有意识地预留一部分股权放入股权池，为持续招募人才开放通道。

10. 创业团队成员离婚，是否有限制配偶不能成为股东的规定

全职直接参与公司运营管理的核心团队，是创业合伙人。容易被忽视的是，创业合伙人的配偶，其实是背后最大的隐形创业合伙人。关于配偶股权，一方面，很重要。中国的离婚率近年有上升趋势，创业者群体的离婚率可能高于平均水平。根据中国法律，婚姻期间的财产属于夫妻共同财产，除非夫妻间另有约定。创业者离婚的直接结果是，公司实际控制人发生变更。土豆创始人王薇因为配偶股权纠纷，影响了土豆的最佳上市时机，为此付出了巨大成本。创投圈还专门为此设计了“土豆条款”，简单粗暴地要求创业者配偶放弃就企业股权主张任何权利；但另一方面，很敏感。处理不当，股权没分完，婚先离了。

4.7 常见问题解答

1. 注册资本过高，又没出资到位，这有什么不妥吗

在实践中，看到很多公司基于对外合作方便，也基于公司注册资本实行认缴制，大幅提高注册资本。对此，笔者提示。

注册资本虽实行认缴制，但认缴制不等于任性，也不代表认而不缴。如果公司注册资本是3000万元。在实际出资到位之前，股东一直欠着公司3000万元。股东要以认缴的出资额为限对公司承担责任。公司在经营过程中，如果对外出现重大负债，则股东要在认缴范围内对公司的这些对外负债承担个人责任。这会加大股东的个人风险。

因此，对于公司的注册资本，笔者建议：（1）对于绝大部分人力驱动型的企业，包括很多的互联网企业、互联网+或+互联网企业，公司初始设立时的注册资本最高为100万元，除非是那些要大量资金投入才能开干的公司，或法律对最低注册资本有强制性要求的公司；（2）如果公司后续发展资金不足，那么公司可以通过股东借款、股东增资或外部融资等方式解决；（3）对于已经完成注册，注册资本很高，但没实际出资到位的企业，如果公司未来经营风险巨大，则建议要么公司减资，要么只是作为面子工程的招牌公司，限制该公司从事实际性经营业务或对外签署实际性的业务合同。

2. 给技术团队发股，按外部估值，技术团队出资有困难，该怎么给

关于人力，你可能听说过人力成本，也可能听说过后人力资源。关于人力，还有个说法叫"人力资本"。简单说就是，人力也可以和货币一样作为出资，取得公司股权。

对于技术人员取得股票的支付问题，我们从以下三点来说明。

（1）从支付方式上来讲

公司可以把股票当成薪酬包的一部分支付给技术人员。比如，谈好的年薪是20万元，15万元用于现金支付，5万元少量的工资用于股票支付。在这种模式下，技术人员实际上已经为这部分股票支付过对价。对此，笔者的建议是，这应该成为公司与技术人员的双向自愿选择，不应该搞成摊派；从公平合理角度，也基于激励角度，公司应当给技术人

员发放价值高于少领工资的股票。比如，少领 5 万元年薪，补发价值 10 万元的股票。

对于一些高潜力人才，他们的主要贡献为人力出资。公司可以在前面提到的薪酬之外给技术人员配股,支付方式为“折扣价格 + 人力出资”。在这种方式下，激励机制与约束机制并存。一方面，从激励来讲，公司按照估值的折扣价给技术人员发放股权。另一方面，从约束机制来讲，股权的兑现和技术人员的全职服务期限挂钩，分期兑现。技术人员承担全职投入、不从事同业竞争、在职期间职务创造的职务相关的知识产权归属于公司等。这相当于技术人员的人力出资。

（2）从货币出资的折扣比例上来讲，分为以下三个阶段

- 公司完成融资之前。
- 公司完成融资后，但在挂牌或上市之前。
- 公司挂牌或上市后。

在这三个阶段内，激励股权发放的时间越早，股票定价的操作空间越大，对公司财务报表的负面影响也越小。

（3）从支付时间上来讲

如果是发期权，那么技术人员只有在期权未来成熟并行权时，才需要支付对价。获授期权的当下并不需要支付对价。

总而言之，基于技术人员可以人力出资，货币出资可以折扣，货币出资支付时间滞后等考虑，货币支付能力本身不应成为技术人员持股的实际障碍。

3. 给投资人预留股权，由创始人代持，这会有什么问题吗

通过创始人代持的方式，给未来投资人预留股权，主要会面临这些问题：从法律关系上讲，创始人后续将代持股权转让给投资人时，这是

投资人与创始人个人之间的交易，是创始人的个人变现行为。从财务上来讲，投资款应该进创始人个人腰包，不能直接进公司账户。由此导致的结果是，公司的融资行为演变成了创始人的个人变现行为，这不符合资金用途。从税负成本上来讲，投资人通常是高溢价投资，创始人直接会面临很高的税负。

因此，笔者建议：（1）不给投资人预留股份；（2）投资人投资时，公司向投资人增发股份，同比例稀释所有老股东股权；（3）对于已经发生的预留行为，要么回归到原始状态，要么改变股权原始用途，约定用于预留给未来进入团队的激励股权或原始股东动态调整股权（有这些计划，且数量相符）。

4. 退出机制怎么谈，不伤合伙人之间的感情

中国合伙人之间的股权分配，既要遵守经济规律与游戏规则，又要考虑中国的人情社会与合伙人之间的信任关系。合伙创业，既是合伙一种长远的利益关系，也是合伙一种创业理念，先在软的理念层面上达成共识，做好预期管理，再讨论冰冷生硬的退出机制条款。

因此，笔者建议：大家是长线看好参与，而不是短期投机；对于创业合伙人而言，大家早期出资，只是解决了创业的启动资金，合伙人的主要贡献，在于长期全职出力；基于主客观原因，有的合伙人中间掉链子，退出创业，手持的大量股票不回购的话，对其他长期参与创业的合伙人，既不公平也不合理；在回购定价时，应承认合伙人的历史贡献，确立公平合理的回购价格。

如果大家在软的层面上，没有达成共识，那么合伙人之间，会在很多条款上讨价还价，创业初期，合伙人内部博弈次数太多，不是好事。相反，大家在软的层面上达成共识，也认同退出机制的公平合理性，很少会对退出条款讨价还价，既把退出机制做了，也不会破坏信任关系。

5. 股权退出机制写不进公司章程，该怎么办

对于股权分配，很多人存在着根深蒂固的观念：一是把创业合伙人当成投资人看待，出资到位即获得股权；二是股权分配主要考虑出钱贡献，忽视出力贡献；三是只有进入机制，没有退出机制。但是，工商局都有“钦定”的章程模板，即便退出机制虽然在商业上很合理，股东之间也自愿达成共识，但想把退出机制写进工商“钦定章程”里，似乎还是不可能完成的任务。

但这并不意味着只能望“退出机制”而兴叹。在现实操作中，有很多办法来实现退出机制落实在协议和章程中。因此，笔者建议：股东之间另行签署股东协议，约定股权的退出机制；股东之间，另行签署一份公司章程，公司章程约定退出机制；股东协议与未经工商登记的章程，尽可能做成对经工商登记的章程的补充约定，而不是相冲突；如果有不一致或相冲突的条款，则约定股东协议与未经登记的章程优先适用。

4.8 思考题

1. 你认为创业伙伴应具备怎样的优秀品质?
2. 怎么给创业伙伴分配股权?

扫码参与线上讨论

七八点
股｜权｜设｜计

关于七八点

一、新时代，新股权

在我们身处的新时代，合伙创业越来越成为常态，人力资越来越重要，创业与资本越来越亲密接触，传统的公司治理结构越来越面临挑战与变革。

在新的时代背景下，公司的股权制度正由传统工业时代的简单、粗放与任性正走向复杂、专业与理性，也对公司的股权制度设计提出了很多新问题与新挑战。

二、新型股权服务机构

- 中国第一家股权设计师事务所
- 中国股权设计服务品类开创者
- 中国股权架构师行业开创者
- 人力资本制度实践者、建设者与普法者
- 三位一体咨询服务：产业＋合伙人＋资本
- 股权架构师＋股权律师＋股权调解师，提供一站式股权服务
- 既服务大量创业者，又服务大量投资人与投资银行

三、我们提供的服务服务

1. 合伙人股权分配

- 合伙人股权进入机制
- 合伙人股权调整机制
- 合伙人股权退出机制

2. 团队股权激励

- 团队股权进入机制
- 团队股权退出机制
- 团队股权管理机制

3. 股权融资

- 投资人股权进入机制
- 投资人股权退出机制
- 创业者权利保护机制

四、服务团队

公司的股权设计，不是简单的法律文件问题，它关系到公司的定位、商业模式、组织架构、资本市场计划、财会税负与人形。

七八点组建了股权架构师、股权律师与股权调解师的股权设计服务团队。根据项目的复杂程度与需求，配备相应的服务团队，提供一站式股权设计服务。

- 股权架构师：设计股权架构
- 股权律师：起草股权文件
- 股权调解师：调解股东分歧与股权纠纷

五、我们团队服务过的客户

小米、真格基金、天使汇、IT 桔子、亚杰商会与摩根斯坦利等。

六、联系七八点

电话咨询：18612254390 雪兰

微信咨询：qibadian123

办公地址：北京市海淀区善缘街 1 号立方庭大厦 3 段 806 室

网站地址：www.qibadian.com

更多股权知识交流，请关注七八点微信公众号：qibadianbuluo

Enterpreneurship

第5章 从创业者到企业家：学会治理公司

一个创业公司在发展中有长远发展战略及全局规划，从而有助于企业关注长期发展、提前谋划未来，正确处理短期利益与长期利益的关系，从而有效避免发展过程中的风险因素。接下来，将为大家讲解公司成立之初，如何治理公司，降低创业风险。

5.1 注册公司

注册一家公司并不复杂，确定完“公司类型、公司名称、注册资本、股东及出资金额、注册地址、经营范围、公司高管”后，在工商、税务部门完成注册登记即可。下面介绍这七个核心元素。

1. 确定公司的七个核心元素

（1）公司类型

公司（企业）指的是依法设立的，以营利为目的的，具有法人资格的经济组织。根据不同的目的，可以选择不同的企业类型。以下列举了比较常见的五种企业类型。

类　型	定　义	适用情况
有限责任公司	由 50 个以下的股东出资设立，每个股东以其所认缴的出资额为限对公司承担责任，公司以其全部资产对公司债务承担责任	最常见的公司类型，适用于绝大部分情况。比如，北京小桔科技有限公司（滴滴打车）
有限合伙企业	普通合伙人对合伙企业债务承担无限连带责任，有限合伙人以其认缴的出资额为限对合伙企业债务承担责任	常见于员工持股（期权）、投资基金公司，普通合伙人拥有绝对控制权。比如，无锡红杉恒业股权投资合伙企业（有限合伙，红杉资本的一只投资基金）

类　型	定　义	适用情况
股份有限公司	由两人以上200人以下的发起人组成，公司全部资本为等额股份，股东以其认购的股份为限对公司承担责任	适用于成熟、大规模类型公司，不太适用于初创、中小微企业。比如，中国石油天然气股份有限公司（中石油）
外商独资公司	外国的公司、企业、其他经济组织或者个人，依照中国法律在中国境内设立的全部资本由外国投资者投资的企业	股东为外国人或外国公司的企业，流程相对内资公司更复杂，监管更严格。在名称上与有限责任公司一致，比如，浙江天猫技术有限公司（由淘宝在香港公司全资注册）
个人独资企业	个人出资经营、归个人所有和控制、由个人承担经营风险和享有全部经营收益的企业。投资人以其个人财产对企业债务承担无限责任	适用于个人小规模的小作坊、小饭店等，常见于对名称有特殊要求的企业，比如，××× 中心、××× 社、××× 部等

（2）公司名称

常见的公司名称一般有三种形式，不同形式之间并没有本质区别，注册时任选其一即可。下面的形式可以不用表格，用文字比较好。

地区 + 字号 + 行业 + 组织形式，比如，北京小快科技有限公司。

字号 +（地区）+ 行业 + 组织形式，比如，小快（北京）科技有限公司。

字号 + 行业 +（地区）+ 组织形式，比如，小快科技（北京）有限公司。

在起名时，建议将字号在全国企业信用信息公示系统（见下图，网址是 http://gsxt.saic.gov.cn）上查询是否已经被注册，尽量保证没有重名，这样通过率会高一些。

（3）注册资本

注册资本是全体股东出于公司经营需要，提供或承诺的资金总数，也可以理解为企业在交易过程中对第三方的一种保障承诺。

2014 年 3 月 1 日后,《公司法》将注册资本从“实缴制”修改为“认缴制”。也就是说如果要注册一家 100 万元注册资本的公司，全体股东只需要在承诺的时限内（一般为 10 年 ~20 年），把这 100 万元出齐就可以了，不要求注册时一次性拿出，极大降低了公司注册时的资金压力。

（4）股东及出资金额

股东是公司的主人，由股东组成的股东会是公司的最高权力机构。一般在创业初期，我们建议股东的人数不要太多，避免股东过多导致权力分散。对于“初创员工”“小股东”，建议使用“股权代持协议”进行代持，不进入工商局公示的股东名单中，这样操作可以在保障权益的同时简化股权架构。

出资金额，即在工商注册登记时，股东要认缴的资金，它是和股权比例挂钩的。通常会把一个股东出资金额占总注册资本的比例，当成这个股东所占的股权比例。

（5）注册地址

注册地址就是在公司营业执照上登记的“住址”。不同的城市对注册地址的要求非常不一样，具体以当地工商局要求为准，下表列出了不同区域的规定。

地　　区	规　　定
北京等地	只允许写字楼、商铺等商业地产注册公司
深圳、广州等一些沿海经济比较发达的地方	写字楼、商铺等商业地产可以注册公司，同时民居楼也能注册公司
上海等地	处于以上两种之间。上海虽然只允许商业地产注册公司，但实质上政府作为第三方特批了很多经济园区、开发区，这些开发区能够为公司提供合法注册地址

（6）经营范围

经营范围是指国家允许企业生产和经营的商品类别、品种及服务项目，它反映的是企业业务活动的内容和生产经营方向，是企业业务活动范围的法律界限。

在确定经营范围时，可以直接参考行业内同类公司。大部分的经营范围变更很简单，需要的时候直接变更就好。

当企业经营范围发生变化时，企业需要自变更决议或者决定做出之日起 30 日内向工商行政管理局申请变更经营范围的登记。变更经营范围需要提交以下材料。

公司法定代表人签署的《公司变更登记申请书》。

- 股东共同委托书、被委托人的身份证明复印件（须核对原件）。

- 公司章程修正案。
- 营业执照正、副本。
- 其他相关资料：股东会决议，包含变更理由、变更项目、公司章程修改；法律、行政法规规定需报批的项目提交有关部门的批准文件。

注意：提交的申请书与其他申请材料应当使用 A4 纸。

互联网、科技类创业公司常用的经营范围如下。

技术开发、技术推广、技术转让、技术咨询、技术服务；组织文化艺术交流活动（不含营业性演出）；会议服务；承办展览展示活动；企业策划、设计；设计、制作、代理、发布广告；文艺创作；翻译服务；公共关系服务；基础软件服务；应用软件服务；计算机系统服务；市场调查；企业管理咨询；教育咨询；经济贸易咨询；文化咨询；投资咨询；投资管理；资产管理；软件咨询；软件开发；产品设计；模型设计；包装装潢设计；工艺美术设计；电脑动画设计。销售自行开发的产品（以工商局核定为准）。

（7）公司高管

这里的公司高管，和通常理解的不太一样，主要是指登记在工商局的公司管理人员，是公司的核心人员。一般建议由核心创始人或大股东任职，为的是加强对公司的管理控制。

- 董事 / 董事长 / 执行董事：由董事、董事长组成的董事会，负责公司或企业和业务经营活动的指挥与管理，对公司股东会或企业股东大会负责并报告工作。

董事长是公司董事会的领导，公司的最高领导者。他的职责具有组织、协调、代表的性质。董事长的权力在董事会职责范围之内，不管理公司的具体业务，一般也不进行个人决策，只是在董事会开会或董事会专门委员会开会的时候，才享有投票权。

公司在前期比较简单时，可不设立董事会，只设立一名执行董事即可。执行董事代行董事会职责。

- 法定代表人：在法律层面上，法定代表人行为等同于公司行为，是公司意志的具体体现人，由董事长/执行董事或经理担任，在法律层面对公司的所有行为、结果负责。自然人可以担任多家公司的法定代表人。
- 监事：由于公司股东分散，专业知识和能力差别很大，为了防止董事会、经理滥用职权，损害公司和股东利益，需要在股东大会上选出监事，代表股东大会行使监督职能。监事必须是单独的人选，不能由董事、经理来兼任。

2. 注册公司的一般流程

确定完七个核心要素，就可以开始注册公司了。下面以北京为例，介绍一下公司的注册流程。

第一步 核准名称

时间：1~3 个工作日

操作：确定公司类型、名字、注册资本、股东及出资比例后，在线提交核名申请。

结果：核名通过，失败则需重新核名。

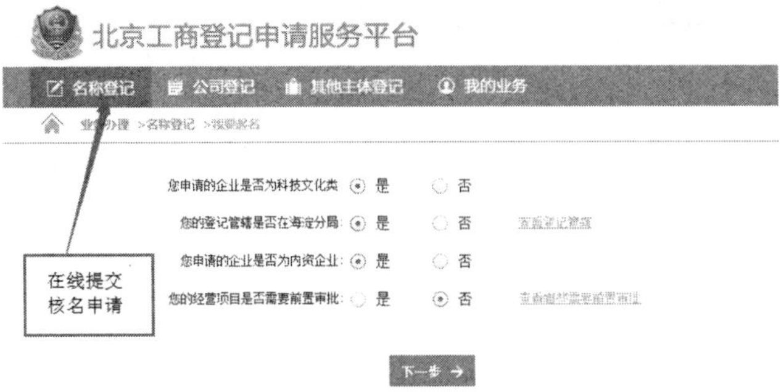

第二步 提交材料

时间：5~15 个工作日

操作：核名通过后，确认地址信息、高管信息、经营范围，在线提交预申请。在线预审通过之后，按照预约时间去工商局递交申请材料。

结果：收到准予设立登记通知书（如下图）。

准予设立登记通知书

第三步 领取执照

时间：预约当天

操作：携带准予设立登记通知书、交件人员身份证原件，到工商局领取营业执照正、副本。

结果：领取营业执照（如下图）。

第四步 刻章等事项

时间：1~2 个工作日

操作：凭营业执照，到公安局指定刻章点办理公司公章、财务章、合同章、法人代表章、发票章。

至此，一个公司注册完成。

3. 开一家公司需要多少钱

以在北京开一家注册资本100万元的科技公司为例，所需费用如下表。

项 目	说 明	费 用
工商注册	申请营业执照及刻章等	600 元 ~1500 元
注册地址	即公司营业执照上登记的“住址”，这里假设没有实际办公地址，需要购买使用集中办公区地址来注册	4000 元 ~5000 元 / 年
国地税 CA 证书	纳税人通过电子渠道做税务例行申报	120 元 ~400 元
注册资本印花税	为注册资本的万分之五	500 元
代理记账	每月记账并向税务机关申报纳税	2000 元 ~8000 元 / 年
银行开户	公司办理转账结算和现金收付的主要账户	300 元 ~1500 元
社保开户	社保局开设公司社保账户	300 元 ~800 元
公积金开户	公积金中心开设公司公积金账户	300 元 ~800 元
税控器 + 发票打印机	企业开发票需要购买税控器及发票打印机	2600 元 ~3100 元
总计		≥1 万元

5.2 创业公司基础财务知识

财务问题并不难，只因财务专业性强，日常接触少，创业者才会被基础问题搞得晕头转向。财务问题用一句话形容就是“根据银行的钱款，完成做账，便于国家征税”。下面我们就从“银行的钱、会计的账、国家的税”，带项深入浅出地了解一下创业公司的基础财务知识。

1. 开设银行基本户

银行基本户（又称“基本存款账户”）是公司办理转账结算和现金收付的主要账户，经营活动的日常资金收付及工资、奖金和现金的支取都可以通过这个账户来办理。一家单位只能选择一家银行申请开立一个基本存款账户。

一般来说，对于初创公司，“基本户”在很长时间内会是公司唯一的银行账户，所有公司的支出、收入，都需要通过这个账户来操作。公司注册完后，就应该及时开设公司银行账户。

选一家银行，然后去银行找客户经理，预约开户日期。如果银行开户的客户比较多，则可能需要排期；如果银行的业务量不是很大，那么就可以要求客户经理根据我们自己的时间来安排。

预约开户当天，带上相关材料（一般需要带上公司设立的全部资料及法人身份证原件），要求为原件的，至少要复印三份以上，包括身份证。注意，复印件必须清晰，身份证复印件要求正反两面在一张 A4 纸上。

2. 公司记账及报税

（1）为什么要记账

记账就是根据审核无误的原始凭证（公司经营期间的所有收入、成本、费用、发票），按照国家统一会计制度，通过指定的记账法把经济业务序时的、分类的登记到账簿中去。

- 公司管理需要，公司账务可以十分明确地反映实际经营状况。
- 企业报税需要，税务要求一般纳税人必须建立规范的会计核算，准确核算进、销项税额，并且及时来做纳税申报。
- 税收管理法明确规定，公司必须在领取营业执照起 15 日内设立账簿。

（2）初创公司选择专职会计还是代理记账

记账一般有两种方式，第一种是招聘一名专职会计，由会计来负责记账；另一种是找一个代理记账的公司或个人，将记账业务外包给他们。如下表所示，比较各自的利弊，方便创业者选择适合自己公司的记账方式。

	优　势	弊　端
代理记账	节省人员直接成本，一个代理记账会计的费用是 300 元 / 月左右，但一个全职会计月薪至少 3000 无以上	记账公司良莠不齐，遇到不合格的、账务混乱或不及时报税等，对公司损害很大
专职会计	自己招聘的员工，专人做专事，沟通起来更方便；且除了记账外，会计还可以管理发工资、社保等公司业务	专职会计成本较高，对初创公司来讲是一笔不小的开支

一般来说，早期企业规模较小时，可以把记账业务外包给代理记账公司，等企业规模壮大了，账目越来越多的时候，再聘请一位专职会计比较合适。

（3）税务报道及报税

我国税法规定，企业法人是纳税主体，公司自建立之初就必须履行纳税义务。创业公司会涉及的税务事项如下：新公司注册完成后，应及时去所属税务所报到，报到时需要提供一名会计的信息（姓名、身份证号、联系电话）。

报税是纳税人在发生法定纳税义务后，在申报期限内，以书面或电子数据等形式向主管税务机关申报缴纳税款的行为。如果在纳税期限内，公司没有按时报税缴纳税款，主管税务机关可以按规定对企业进行处罚。

3. 小规模纳税人与一般纳税人

（1）什么是小规模纳税人、一般纳税人

- 小规模纳税人认定标准。
  - 从事货物生产或者提供应税劳务的纳税人，以及以从事货物生产或者提供应税劳务为主，并兼营货物批发或者零售的纳税人，年应征增值税销售额（以下简称应税销售额）在 50 万元以下（含本数，下同）的；“以从事货物生产或者提供应税劳务为主”是指纳税人的年货物生产或提供应税劳务的销售额占全年应税销售额的比重在50%以上。
  - 对上述规定以外的纳税人，年应税销售额在80万元以下的。
  - 年应税销售额超过小规模纳税人标准的其他个人按小规模纳税人纳税。
  - 非企业性单位、不经常发生应税行为的企业可选择按小规模纳税人纳税。

- 一般纳税人认定标准。
- 增值税纳税人，年应税销售额超过财政部、国家税务总局规定的小规模纳税人标准的，应当向主管税务机关申请一般纳税人资格认定。
- 年应税销售额未超过财政部、国家税务总局规定的小规模纳税人标准，以及新开业的纳税人，可以向主管税务机关申请一般纳税人资格认定。
- 需符合以下条件：有固定的生产经营场所；能够按照国家统一的会计制度规定设置账簿，根据合法、有效凭证核算，能够提供准确税务资料。

（2）一般纳税人与普通的小规模纳税人企业的计税区别

- 计税方法不同。

$$一般纳税人纳税额 = 销项税额 - 进项税额$$

$$小规模纳税人纳税额 = 销售额 \times 税率$$

- 开票权不同。

一般纳税人可购买增值税专用发票并可自行向购货方开具，开票销项税率为17%（销售业）或者6%（服务业）小规模纳税人不可以购买增值税专用发票及自行向购货方开具，如需向购货方开具的，报税务机关申请代开，销项税率为 3%。

（3）一般纳税人企业的优缺点

- 优点：一般纳税人的最大优势是销项税可以抵扣进项税，所以，如果公司能收到很多增值税专用发票，那么增值税会减少，甚至可能低于小规模纳税人的 3%。
- 缺点：
  - 要求供货方开购置税专用发票手续烦琐，需要大量材料。
  - 营改增不彻底，很多行业还不能开增值税专用发票，所以能抵扣的进项很少，结果很可能完全拿不到专票来抵扣。
  - 申请增加批票数和单张限额，手续比较麻烦，也很难给到理想的额度。

（4）一般纳税人企业应注意的几个问题

- 进项税票记得及时认证，错过时间不能抵扣，损失很大。
- 从一般纳税人企业进货，如果对方是小规模纳税人，则要求其到税务局代开增值税专用发票。
- 如果在辅导期内，则注意开票的数量，在辅导期间内，企业开发票有限制（辅导期，又称辅导期一般纳税人，企业新认定一般纳税人都是辅导期一般纳税人，新认定为一般纳税人的小型商贸批发企业实行纳税辅导期管理的期限为三个月；其他一般纳税人实行纳税辅导期管理的期限为六个月）。
- 账务完整、真实、准确，税务局对一般纳税人的账务管理比较严格。
- 商品发出 180 天，如果没有销售出去，那么就要运回来，否则要交税。
- 注意视同销售和进项税转出的问题。

5.3 创业公司基础税务事项

1. 创业公司需要缴纳多少税

公司的税务专管员根据企业经营范围和经营特点，核定应纳税种、税目，主要有增值税、营业税、企业所得税等，详见下表。

	发票类别	发票金额	增值税的金额（附加税）			净利润
		增值税	教育费附加	地方教育费附加	城市维护建设税	企业所得税
小规模		3%	3%	2%	7%	25%
一般纳税人	服务发票	6%	3%	2%	7%	25%
	销售发票	17%	3%	2%	7%	

以北京市海淀区的初创互联网企业为例，如果当月企业含税收入为1万元，则其所需缴纳的税种和税率如下。

（1）增值税

互联网公司属于“现代服务业（研发和技术服务、信息技术服务、文化创意服务、物流辅助服务、有形动产租赁服务、鉴证咨询服务、广播影视服务）”，每月收入需要缴纳增值税。其他行业的税率请咨询会计。

小规模纳税人纳税额为小规模纳税人增值税征收率为3%。

所以，当月应交增值税为（10000/1.03）×3%=291元。

一般纳税人纳税额：一般纳税人纳税额 = 销项税额 − 进项税额。

增值税销项税为（10000/1.06）×6%=566元。

增值税进项税为（3000/1.17）×17%=436元。

所以，当月应交增值税=增值税销项税－增值税进项税=566-436=130 元。

（2）附加税

缴纳增值税、营业税及消费税的单位，还需要以上述三个税种应缴税额之和为基数，缴纳城市维护建设税、教育费附加及地方教育费附加等附加税，附加税的缴纳比例为城市维护建设税 7%、教育费附加 3%、地方教育费附加 2%。

小规模纳税人纳税额如下。

当月城建税为 291×7%=20.37 元

教育费附加为 291×3%=8.73 元

地方教育费附加为 130 × 2%=2.6 元

一般纳税人纳税额如下。

当月城建税为 130×7%=9.1 元

教育费附加为 130×3%=3.9 元

地方教育费附加为 291×2%=5.82 元

（3）企业所得税

根据企业的利润情况，需要按利润的 25%（小微企业为 20%）缴纳企业所得税，如果是“高新科技企业”，则能够享受 10% 的企业所得税减免，按照利润的 15% 缴纳。

所得税为（营收－成本）× 25%

小规模纳税人纳税额如下。

企业所得税为 1000×25%=250 元

一般纳税人纳税人纳税额如下。

企业所得税为 1000×25%=250 元

一般纳税人与小规模纳税人纳税额对比如下表。

	一般纳税人	小规模纳税人
应交增值税	增值税销项税 （10000/1.06）×6%=566 元 增值税进项税 （3000/1.17）×17%=436 元 当月应交增值税 = （增值税销项税 – 增值税进项税） =（566–436）=130 元	当月应交增值税 （10000/1.03）×3%=291 元
当月城建税	130×7%=9.1 元	291×7%=20.37 元
教育费附加	130×3%=3.9 元	291×3%=8.73 元
地方教育费附加	130×2%=2.6 元	291×2%=5.82 元
企业所得税	1000×25%=250 元	1000×25%=250 元
总计	395.6 元	575.92 元

注：以上为未考虑优惠政策下的理论应缴税额。

由于一般纳税人计税方法是销项税额减去进项税额，故一般纳税人公司进项票足够多，税负压力将会减轻。

2. 合理避税

据美国税收公平中心和美国公共利益研究中心联合发起的一项调查显示，财富 500 强名单里的美国大企业中近四分之三在利用海外子公司避税，它们在海外藏金多达 2.1 万亿美元，它们在百慕大、爱尔兰、卢森堡和荷兰等地开设子公司，避税总额高达 6200 亿美元。其中，苹果最出风头，逃税最多，如果把苹果公司的海外资产带回美国，那么美国税收部门将可对其征税约 592 亿美元。什么是合理避税，创业企业如何合理避税呢？

（1）什么是合理避税

合理避税是在法律允许的情况下，以合法的手段和方式来达到纳税人减少缴纳税款的经济行为。通过不违法的手段对经营活动和财务活动精心安排，尽量满足税法条文所规定的条件，以达到减轻税收负担的目的。

- 合理避税是市场竞争条件下的产物，当前，我国市场全面对外开放，企业正在一个更加开放、公平的市场环境中与国外企业竞争，市场化程度不断提高将导致低成本战略成为企业在市场竞争中制胜的关键，而税收成本是企业重要的外部成本之一，减少税收成本对提高企业竞争力非常关键。
- 合理避税是实现企业经营目的的一种手段，税收支出作为一种外部成本，相对于企业内部成本更应该加以控制。在我国，企业往往从压缩内部成本出发，控制各项期间费用和工人工资等内部成本，这样很容易造成员工的积极性受挫及产品、服务质量不佳等现象，影响企业的长远发展，这就要求我们换一个视角从减少外部成本出发来控制财务成本，达到经营目的。毫无疑问，合理避税是解决这一问题的有效途径。
- 合理避税可以减轻企业税收负担，我国已经是一个较高税负的国家，合理避税是企业追求国际发展的唯一选择。税收是以实现国家职能为目的，基于政治权力和法律规定，由政府专门机构向居民和非居民就其财产实施的强制、非罚与不直接偿还的课征。税收的强制性和不直接偿还性决定了企业必然要流出部分发展所需资金。另外，我国相对已经是一个较高税负的国家，在这种情况下，我们不能采取逃税、漏税、抗税等违法行为，合理避税就成为我国企业发展的一种选择。

企业合理避税要求会计人员熟悉纳税筹划的一些方法，避免在做账时出现偷税漏税的情况。通过对涉税业务进行策划，制作一整套完整的纳税操作方案，根据最新的税法与行业政策，对各类型企业与收税条件，制定各种合理避税的方法，从而达到节税的目的。

企业应该加强这方面优惠政策的研究，力争经过收入调整使企业享受各种税收优惠政策，最大限度避税，使企业各项税负，都可能节税10%~80% 以上。

（2）合理避税的常见方法

常用的避税方法有很多，主要有利用国家税收优惠政策、转移定价法、成本计算法、融资法和租赁法，以下着重介绍运用税收政策、成本计算法结税，各创业公司情况不同，具体的合理避税方案建议咨询专业会计师。

- 对税收优惠政策进行运用。

税收优惠政策一般都是税收主权国家为了能够对某一些目的进行实现，所制定出来的一些具有倾斜性的税收政策，或者是一些免征、减税措施。我国为了能够吸引外资，对高新技术产业进行鼓励，同时，为了能够对一些特定区域的经济发展进行扶持，均会有针对性的制定一些优惠政策。

注意在使用过程中，一定要在其合法范围之内，不能单纯为能够得到优惠，而私自捏造资料、弄虚作假，这样不但不会起到预期效果，还会对企业的发展产生非常不利的影响。

比如在北京，小微企业每月开票金额不超过 3 万元，可免收增值税及附加税（适用于增值税普通发票）。在小型微利企业的实际经营中，如果当月下旬已经开出近 3 万元，还有一笔即将到账的收入，则尽量别在当月确认收入，这样可以减少企业营业税或增值税的缴纳。

北京对小微企业的优惠政策如下。

- ○ 每月开票金额不超 3 万元免收增值税及附加税（适用于增值税普通发票）。
- ○ 每月开票金额不超 10 万元免收教育费及地方教育费附加（适用于增值税普通发票）。
- ○ 自 2015 年 1 月 1 日至 2017 年 12 月 31 日，对年应纳税所得额低于 30 万元（含 30 万元）的小型微利企业，其所得减按 50% 计入应纳税所得额，按 20% 的税率缴纳企业所得税。

国家对高新技术企业的优惠政策如下。

国务院印发《关于加快科技服务业发展的若干意见》。意见明确，完善高新技术企业认定管理办法，对认定为高新技术企业的科技服务企业，减按 15% 的税率征收企业所得税。

- ○ 企业经认定为《高新技术企业》，可以减按 15% 的税率征收企业所得税。
- ○ 企业研究开发投入可以进行研发费用确认享受所得税加计扣除优惠。
- ○ 企业经过技术合同登记的技术开发、技术转让、技术咨询合同可以享受免征营业税优惠。

- 合理规避企业所得税。

日常账务中会出现一些费用不能在税前扣除，财务人员应尽量规避这些不能在税前扣除的科目，比如，一个交通事故产生的员工医药费，可以按交通事故放营业外支出科目，那样年度所得税清缴时必须调增的，放职工福利费不超过工资总额的 14%，放职工福利费里也是可以的，那样就合理规避了企业所得税。再比如业务招待费是要按比例调增的，如果平时产生业务招待费时，在一些可以开会议费用的地方消费，则直接开成会议费用（当然，要有符合会议费用的一些凭证附后，会议通知和会议签到表），这样就规避了业务招待费调增的企业所得税，但是，不能光有会议费没有业务招待费，那样就不符合逻辑性了。符合小型微利企业的一定要申报小型微利企业，一定不能错过政策性可以减免的税收。

- 转移成本费用合理避税。

其一，可以通过对“预提费用”账户的运用，来实施合理避税。企业为了能够对其本阶段利润进行减少，对其所得税进行降低，可以借助于虚列预提费用以对其利润进行人为调节。可以在预提费用账户中对企业之后可能使用的大额费用进行提取，将其现期成本费用计入；还可以在已经预提完毕费用实施支付的时候，不对其进行转销，将其在成本费用账户中重新计入，以能够对当期费用进行增加，以减少利润；其中，有一些企业在当期费用支出比较大的时候，为了能够不对期末预期利润产生影响，采用“压缩”费用方式，不对应预提的费用进行预提，以对其成本费用进行降低，对档期利润进行虚报或者虚增。其二，将“销售结算”工作做好。在商品发出的时候，可以不依照“权责发生制”原则对其销售收入进行记录，而是将收到货物作为是销售实现的依据；在对使用过的固定资产进行销售过程中，同时也包括需要进行消费税缴纳的游艇、汽车及摩托车等，只要其和免征税条件不相符，即可以直接将其记录在营业外收入之中；价外收入也可以不再销售收入中进行记录，以此不对提销项税额进行计算；货物的销售可以采用“预收账款”的方式实施销售，在商品发出后不直接将其按时进行销售收入记录，实行长期挂账，这样可以形成进项税额比销项税额偏大现象。比如，托收承付违约金，在一般情况下，在企业受到违约金之后，都是对银行存款进行增加，而冲减财务费用。

需要注意的是，合理避税与偷税漏税不同，同企业销售战略等一样，合理避税也是一种合法的，帮助企业发展的很好手段。但是，偷税漏税与合理避税往往只在一线之间，虽然，可以达到同样的结果，前者则要落得牢狱之苦，而后者则会在大量减少税款的同时被同行视为企业的典范。

合理避税对于企业经营来说是一个庞大的知识体系，因此，也需要一个更为系统的学习过程，想要依靠自己的理解就实现成功而完美的避税，几乎是天方夜谭。又因为避税稍有不慎就会成为偷税漏税，因此，渴望通过多种尝试而达到完美避税的做法也是有着极大的风险，稍有不慎，就会受到牢狱之苦。

3. 坚决抵制偷税漏税

（1）什么是偷税漏税

偷税漏税是指纳税人、扣缴义务人故意违反税收法规、采取伪造、变造、隐匿、擅自销毁账簿、记账凭证、在账簿上多列支出或者不列、少列收入、经税务机关通知申报而拒不申报或者进行虚假的纳税申报的手段，不缴或者少缴应缴纳税款，情节严重的行为。

根据最高人民检察院、公安部《关于经济犯罪案件追诉标准的规定》的有关规定，纳税人进行偷税活动，涉嫌下列情形之一的，应予追诉。

- 偷税数额在 1 万元以上，并且偷税数额占各税种应纳税总额的百分之十以上的。
- 虽未达到上述数额标准，但因偷税受过行政处罚两次以上，又偷税的。

（2）“偷税漏税罪”怎么处罚

根据刑法第 201 条及第 211 条的规定，对逃税罪的处罚方式如下。

刑法第 201 条规定：纳税人采取欺骗、隐瞒手段进行虚假纳税申报或者不申报，逃避缴纳税款数额较大并且占应纳税额百分之十以上的，处三年以下有期徒刑或者拘役，并处罚金；数额巨大并且占应纳税额百分之三十以上的，处三年以上七年以下有期徒刑，并处罚金。

扣缴义务人采取前款所列手段，不缴或者少缴已扣、已收税款，数额较大的，依照前款的规定处罚。

对多次实施前两款行为，未经处理的，按照累计数额计算。

有第一款行为，经税务机关依法下达追缴通知后，补缴应纳税款，缴纳滞纳金，已受行政处罚的，不予追究刑事责任；但是，五年内因逃避缴纳税款受过刑事处罚或者被税务机关给予二次以上行政处罚的除外。

（3）实例：某家政服务平台开发票需补交税金，涉嫌偷税漏税

近日，某O2O家政服务平台被指涉嫌偷税漏税，客户在平台下单预约服务后，平台拒绝为客户开具发票，并表示如开发票，需要补交税金。

据了解，该O2O平台将客户分为三类，一种是通过手机APP随时预约的“临时客户”，服务价格为30元/小时，两小时起做，需要在线支付工时费，平台不为“临时客户”开具发票。第二种是通过充值成为充值会员，服务价格为28元/小时，两小时起做，平台可以为“充值会员”开发票，但是，只能给开个人发票，不能开公司抬头的发票，发票上的金额为充值金额。第三种是通过签约合同成为平台的签约客户，则服务价格为35元/小时，可开公司抬头的发票，如果不开发票，则服务价格为33元/小时。临时客户和签约客户如需补开发票，所补差价不同，都需要补到35元/小时，但临时客户需要补差价5元/小时，签约客户需要补差价2元/小时。

税务局工作人员表示，“税率不会根据销售额的变化而变化，不开发票的话，它的销售额也应该纳税，只能说它不开发票就没有申报，没有纳税，这是属于偷税漏税的行为”。并表示只要发生了业务，支付了款项，企业就应该开具发票，倘若经过协商，企业还不给开发票或者提出其他要求，可以拨打电话进行举报。

根据《中华人民共和国发票管理办法》的规定，商家不给开发票属刻意隐瞒真实销售金额的逃税行为。按照《税收征管法》第63条规定，“对纳税人偷税的，由税务机关追缴其不缴或者少缴的税款、滞纳金，并处不缴或者少缴的税款百分之五十以上五倍以下的罚款；构成犯罪的，依法追究其刑事责任”。

5.4 建立完善的劳动人事制度

某公司招聘短期工时，有五个自称老乡的人来应聘。入职后，五人表现都很正常。但每到发工资的时候，其中四个人都会以各种理由不露面，而让其中一人帮助领取工资。数月后，企业接到监察大队的电话，这四个人以企业没有发放工资为由提出仲裁。该公司因没法提供证据，最终又付了一次工资。职场碰瓷还有一种情况，求职者故意拖延与单位签订劳动合同，进而索赔两倍工资。《劳动法》规定：“工资应当以货币形式按月支付给劳动者本人，不得克扣或者无故拖欠劳动者的工资。”碰瓷者往往利用企业提防心理不强、没有证据证明工资发放来达到碰瓷目的。《劳动合同法》规定，“用人单位自用工之日起超过一个月、不满一年未与劳动者订立书面劳动合同的，应当向劳动者每月支付两倍的工资。”这也往往成为职场碰瓷者经常利用的规定。对于这种职场碰瓷，企业尤其是中小企业往往防不胜防，一不小心就会落入陷阱，最后只得赔钱了事。

北京海淀法院劳动争议案件审判白皮书向社会公布，白皮书显示，一批专钻企业劳动管理漏洞的职场“碰瓷人”正在增多，上岗后有意钻企业劳动管理漏洞，工作一两个月后以企业没劳动合同等起诉，要求双倍赔偿。白皮书公布的十个劳动争议案例中，劳动者违反诚信，钻法律空子索要双倍工资、加班费的案件就占五件，中小企业应加强对企业规范化劳动人事制度的重视，防范职场碰瓷。

规范化的劳动人事制度不仅可以降低用工风险，同时，也是企业正常运营和吸引人才的基础条件，如果企业的劳动人事制度不合理，招工会很困难，还有可能被劳动者起诉，造成经济损失。公司成立后，应该及时建立一套规范的劳动体系和人事制度，包括招聘制度、签订劳动合同、办理五险一金、制定企业规章制度等。个别的员工还应该签订保密协议和竞业限制协议。

1. 规范入职制度

（1）发放录用通知

劳动者通过考核后，企业应该发出一个录用通知，也就是所谓的“Offer”。录用通知一旦到达拟聘用的劳动者那里，劳动者选择接受并与公司签订劳动合同后，双方就建立了劳动关系。

（2）办理入职

- 准备好新员工入职手续办理所需表单，并负责落实各项工作。
  - 安排办公位，申领计算机、电话。
  - 发放办公用品。
  - 开通邮箱、账号、调试电脑设备等。
- 要求员工提供下列材料。

①入职登记表；②身份证；③照片；④学历证明；⑤离职证明（避免双重劳动关系和商业间谍）；⑥体检报告/健康证明。

- 给员工办理入职手续。
  - 介绍岗位职责和工作流程。
  - 发放介绍公司情况及管理制度的《规章制度》或《员工手册》（需安排员工签字）。
  - 签订《劳动合同》。
  - 员工的转正评估与试用期。
- 约定试用期。

转正评估关系到企业决定是否录用此劳动者，而试用期能够让企业进一步考察新员工的实际工作能力。创业企业与员工约定试用期时，一定要注意以下几点。

- 不得单独订立试用期合同。
- 不得超期约定、随意延长试用期。
- 不能重复试用。
- 试用期也要为劳动者缴纳社保。
- 试用期不得随意解除劳动合同。
- 解雇决定须在试用期内做出。

2. 签订劳动合同

（1）根据用工类型适用不同类型的合同

在企业运营过程中，最常用的两种用工形式是劳动关系和劳务关系。符合劳动关系的员工应该根据《劳动合同法》与其签订劳动合同，如果属于劳务关系，则应该与其签订《劳务合同》《返聘协议》或《实习协议》。企业应当根据用工形式的不同选择适合的合同来签订，避免盲目适用合同版本带来不必要的成本增加。

（2）劳动合同的条款

劳动合同的条款分为法定条款和约定条款。则法定条款必须符合法律的强行性规定，如果企业的劳动合同缺少法定条款，劳动者可以据此要求赔偿。

法定条款包括：用人单位的名称住所和法定代表人或者主要负责人；劳动者的姓名、住址和证件号码；劳动合同的期限；工作内容和工作地点；工作时间和休息休假；劳动报酬；社会保险；劳动保护、劳动条件和职业危害和防护；其他事项。

在约定条款中，用人单位可以与劳动者就试用期、培训、保守商业秘密和竞业限制、补充商业保险和福利待遇等事项进行约定。

（3）应当明确解除和终止合同的条件

大部分的劳动争议都发生在劳动合同解除和终止的环节，所以企业应当对此条款明确约定。并且，企业要在合同中合理运用企业规章制度和员工手册的内容，以便掌握解除劳动合同的主动权。

3. 为员工缴纳社保、公积金

“五险”即社会保险，又称社保，包括养老、医疗、失业、工伤和生育五项险种。社会保险由国家通过立法强制实施。缴纳社保是企业和单位必须履行的责任。

“一金”即住房公积金，是用人单位及其在职职工长期缴纳的，为员工买房、装修、租房所用的储蓄资金。

（1）企业不为员工缴纳五险一金的风险

很多企业，尤其是创业企业，为了节约成本，少缴甚至不为员工缴纳五险一金，这将面临很大风险。

- 企业不为员工缴纳五险一金的，将被加收高额滞纳金和罚款。

根据《社会保险法》及《住房公积金管理条例》，企业不按时足额为员工缴纳社保的，将被加收万分之五的滞纳金，甚至是处以欠缴数额一倍以上三倍以下的罚款；逾期不缴纳公积金的，将被处以 1 万元以上 5 万元以下的罚款。

现实中，如果员工因为企业没有为其正常缴纳社保公积金而提起仲裁、诉讼，那败方基本上都是企业。

- 企业拒不参加社会保险给员工造成损失的应当承担赔偿责任。

如果因为企业不参加社会保险导致员工无法正常享受社会保险待遇，那么这些原本应当由社会保险基金向员工支付的各项费用，包括养老金、医药费、失业金、生育津贴、工伤补助等一系列费用都必须由企业承担。

- 不仅员工可以随时解除劳动合同，企业还需要向员工支付数月工资的经济补偿。

- 五险一金是招揽人才最基础的条件。现实中，越是发达的地区，员工对于五险一金的重视程度越高。尤其是一线城市，五险一金已经成为企业招揽人才最基础的条件。如果连五险一金都没有，那人才将完全不予考虑。

（2）五险一金的用途如下表所示。

类别	明细	基础用途	派生用途
五险	养老保险	退休后领取养老金 丧葬费，抚恤费	买房 购房 子女上学 落户 商业贷款
	医疗保险	医疗报销 退休后享受医保待遇	
	失业保险	失业后领取失业保险金、医疗费补贴	
	工伤保险	支付治疗费用、生活护理费、伤残补助、伤残津贴	
	生育保险	产假（约 90 天） 生育津贴、生育补助金	
一金	住房公积金	购买、建造、大修住房 公积金提取	公积金贷款 异地贷款

在北京，聘请一名月薪 10000 元的产品经理，企业每月需要承担的社保、公积金成本如下表。

费用种类	缴费比例		缴费金额	
	单位缴费比例	个人缴费比例	单位缴费	个人缴费
养老保险	20%	8%	2000	800
失业保险	1%	0.2%	100	20
工伤保险	0.5%	不缴费	50	0
生育保险	0.8%	不缴费	80	0
医疗保险	10%	2%+3	1000	203
住房公积金	12%	12%	1200	1200
合计	44.3%	22.2%+3	4430	2223

注：以 2015 年北京市五险一金缴费标准为例。

也就是说，对于企业而言，每月除了需要支付 10000 元的工资外，还需要为员工额外支出 4430 元的五险一金费用；对员工而言，10000 元工资到手之前会先被扣除 2223 元的五险一金费用，之后，还会被扣除个人所得税，因此，员工实际到手工资低于 7500 元。

4. 制定完善的企业规章制度

企业的规章制度和员工手册，是企业合法解除和员工劳动关系的重要依据。如果企业没有合法有效的规章制度和员工手册，一旦发生劳动争议，企业会增加败诉风险导致支付赔偿。

创业企业如何制定规章制度，员工手册才合法有效呢？

第一，条款必须具备合法性，也就是不能违背我国法律规定。

第二，内容必须具备合理性。所谓合理性，一是要符合常理，比如，不能将员工迟到半小时视为严重违纪并规定可以辞退；二是要有可操作性，不能笼统规定："给企业造成重大经济损失的，视为严重违反规章制度，可以解除劳动合同"，而应细化、量化标准，明确具体的经济损失数额，增强可操作性。

（1）保护企业的核心秘密

在互联网公司里，核心员工流动十分频繁，企业的商业秘密有可能因为员工离职而泄露。如何才能有效防止核心员工跳槽带走商业秘密呢？

如何保护公司的核心秘密有以下几点。

- 企业规章制度中明确保密义务。
  - 与核心员工签订保密协议/劳动合同中约定保密条款。企业与员工签订保密协议或在劳动合同中约定保密条时，需要根据不同的对象及其知悉的商业秘密约定不同的保密内容。

 - ○ 保密范围的不同约定。
 - ○ 保密期的不同约定，如在解除劳动合同后的一定时间内（一般不应超过六个月）不得在生产同类产品且有竞争关系的其他企业任职或自己从事同一产品的生产经营。
 - ○ 违反保密义务的不同违约责任约定。
- 做好员工离职交接，避免泄密。

要求员工在离职前提交离职申请表，办理交接手续，交清涉密资料，同时，与企业签订保密协议，防止员工离职带走商业秘密。

（2）签订竞业限制协议

在创业中，人才流失是最可怕的，核心员工离职会造成很大损失，竞业限制就是为了防止核心员工跳槽泄密而设置的解决方法。

竞业限制是指用人单位与劳动者约定在解除或终止劳动合同后，在一定期限内，劳动者不得到与本单位生产或者经营同类产品、从事同类业务的有竞争关系的其他用人单位任职，或者自己开业生产或者经营同类产品或同类业务。简单讲就是劳动者不能到原单位的竞争对手那里去工作，也不能成为原单位的竞争对手。

在竞业限制协议中，也要保证员工的权利。法律规定竞业限制时间最长为两年，期间用人单位必须按月支付员工竞业限制补偿金，法律没有具体数额规定，但一般设为员工上年平均工资的 20%~30%，如果太低，那么员工会以“显失公正”为由要求补偿。

哪些员工需要签订竞业限制协议呢？

高级管理人员、高级技术人员、其他负有保密义务的人员，建议在入职时，就签订竞业限制协议，避免员工离职时，不签或拒签。

5.5 思考题

1. 一般纳税人与小规模纳税人企业的主要区别是什么？小规模纳税人如何转成一般纳税人？

2. 员工主动要求不签订劳动合同及缴纳五险一金，是否可以？在员工主动要求不签订劳动合同的情况下，不签订劳动合同，有什么法律风险？

扫码参与线上讨论

快法务简介

一、快法务介绍

快法务是一站式创业法律服务平台，创立于2014年，隶属于北京快又好信息技术有限责任公司。快法务为创业及小微企业提供包括：注册公司、工商变更、资质审批、代理记账、财务审计、税务代办、商标注册、著作权、专利、企业/个人社保代缴、公司人事、法律咨询、合同审写、法律顾问等一站式新型在线法律服务。

快法务利用互联网技术开创全新在线法律服务模式，搭建一个以法务为入口的企业服务平台。平台的一端连接律师、会计、社保、知产、工商相关的服务者；另一端对接互联网高科技初创公司，通过共享模式重新优化匹配“供”“需”之间的关系，信息化对接客户需求，构建智能化在线法律服务系统，让创业及小微企业享受成本更低、效率更高、专业更强的在线法律服务。

二、产品与服务

截至2016年5月，快法务有173个产品与服务，主要涵盖了工商、财税、知识产权、人事社保、法律五大领域，从创业初期到发展的中后期快法务都能帮助企业更低成本更高效地解决法律问题。另快法务服务覆盖城市达13个，包括北京、上海、广州、深圳、苏州、南京、杭州、宁波、厦门、成都、重庆、天津、武汉。整合3000+律师、会计、知产/工商代理人。

三、快法务的优势

整合共享的轻公司创新模式：没有自己的一个律师和会计，以整合加盟的方式审核符合标准的律师加盟及服务培训，利用共享模式重新优化匹配“供”和“需”。给客户带来低成本、高效率的标准化极致服务，同时为律师带来案源增加收入。

针对创业者的一站式在线法律服务：快法务针对创业及小微企业的具体法务需求，提供一站式的新型在线法律服务。让创业者只需关注自己公司的核心业务即可，把一切烦琐的法务事务全部交给快法务来做。

智能化法律服务技术系统：利用互联网技术研发一套智能法律管理前后台系统，系统将快法务、律师、客户更好地管理起来，提高效率降低人力成本。服务者利用这套系统能更高效的信息化处理订单；客户在每个服务流程节点都会得到及时通知和细节情况。

四、创始人简介

创始人 &CEO 夏文奇先生

十多年互联网市场营销及产品运营高级管理工作经验。曾任职盛大无线高级运营总监、易到用车网市场部总监、搜狗手机输入法和手机搜狐网市场部经理。成功负责运营的产品项目有易到用车网、手机搜狗输入法、手机搜狐网等。

快法务
kuaifawu.com
一站式创业法律服务

创业灯塔

Enterpreneurship

第6章 变团伙为团队：用项目管理理论提高开发效率

项目管理被称为“变理想为现实,化抽象为具体的一门科学和艺术”。根据 PMBOK [Project Management Body Of Knowledge,项目管理知识体系,是美国项目管理协会(PMI)对项目管理所需的知识、技能和工具进行的概括性描述]的定义,项目是在一段时间内为完成某一独特的产品或提供独特的服务所进行努力的过程。这个过程受到时间、人力、资源、成本、质量上的限制。项目一般有如下几个特征。

1. 临时性

2. 独特性

3. 一次性

而创业者进行创业活动本身,就可视为是一个项目。在创业过程中进行产品研发,则是创业这个大项目下的子项目。通常在正规的研发企业,都设有专职的项目经理或产品经理负责研发项目管理相关的工作。在创业公司中,如果有条件设置专门的产品经理,那么 CEO 就可以更专注于公司的战略规划。但是,很多创业公司的建立本身就源于创业者的一个项目规划,公司的设立就是为了把这个项目从想法变为实实在在的产品,所以在创业前期,多数创业公司就相当于一个项目组,而创业团队的带头人 CEO 实际上也就是这个项目的 PM(Project Manager,项目经理)。

无论是哪种情况,作为创业项目的带头人,懂一些项目管理的知识都会为创业公司的团队建设、产品规划、研发管理带来好处。创业团队的带头人学习一些项目管理的基本知识并加以灵活运用,可以更好地带好团队,否则,创业团队的项目运作就极有可能因为缺乏管理而陷入既无共同的价值观,也没有有效管理规划的危险境地,由此做事毫无章法成为一团散沙,从而由创业团队沦为团伙。

项目管理作为一门管理科学,拥有严密的知识体系。如果要把项目管理的全部知识内容都阐述清楚,那么可能需要另外写一本书,因此,在本章笔者只向创业者介绍一些创业团队带头人应该了解的最基本的项目管理知识概念，并在本章最后推荐一些有关项目管理的图书供创业团队的 CEO 和 CTO 选择参考。

6.1 一个在项目选择与产品规划中有用的分析工具——SWOT 分析法

在创业项目立项之初，几乎所有的创业者都会遇到项目可行性分析的问题，包括市场分析、产品规划、竞品分析等，这往往也是项目前期融资时投资人经常会向项目发起者问到的问题。古人说凡事预则立，因此，古代行军打仗非常重视战前的筹划，所谓运筹于帷幄之中，决胜于千里之外，而“运筹帷幄”的过程就是以“筹”（古代计算用具，用竹木做成的小木块或竹块）为工具对战场环境、敌我态势、双方力量对比综合分析计算和规划。在现代的企业项目管理中，同样也会用到类似的方法对项目和产品概念进行分析，只不过不再是用算筹进行，而是使用 SWOT 分析法。

SWOT 分析法是用来确定企业自身的竞争优势、竞争劣势、机会和威胁，从而将公司的战略与公司内部资源、外部环境有机地结合起来的一种科学的分析方法。它是基于内外部竞争环境和竞争条件下的态势分析，就是将与项目产品密切相关的各种主要内部优势、劣势和外部的机会和威胁等，通过调查列举出来，并依照矩阵形式排列，然后用系统分析的思想，把各种因素相互匹配起来加以分析，从中得出一系列相应的结论。运用这种方法，可以对研究对象所处的情景进行全面、系统、准确的研究，从而根据研究结果制定相应的发展战略、计划及对策等。

之所以命名为 SWOT 分析法，在于它的分析建立在优势（Strength）、劣势（Weakness）、机会（Opportunies)、风险（Threats）四个维度上展开，

SWOT 就取自这四个分析维度的英文缩写。

优势（Strength），是组织机构的内部因素，具体包括：有利的竞争态势；充足的财政来源；良好的企业形象；技术力量；规模经济；产品质量；市场份额；成本优势；广告攻势等。

劣势（Weakness），也是组织机构的内部因素，具体包括：设备老化；管理混乱；缺少关键技术；研究开发落后；资金短缺；经营不善；产品积压；竞争力差等。

机会（Opportunies），是组织机构面对的外部环境因素，具体包括：新产品；新市场；新需求；外国市场壁垒解除；竞争对手失误等。

风险（Threats），也是组织机构面对的外部环境因素，具体包括：新的竞争对手；替代产品增多；市场紧缩；行业政策变化；经济衰退；客户偏好改变；突发事件等。

其中，优势和劣势偏重从团队自身特质角度进行分析，而机会和风险则偏重从创业项团队所处的外部环境，比如，市场环境等方面进行分析。

具体的分析方法则是通过汇总内部数据和外部市场调查结果，制作 SWOT 分析模型。SWOT 分析模型如下图所示。

优势	机会
劣势	挑战

SWOT 分析一般会把 SWOT 四个方面的要素加以归纳总结，然后做出像下图这样的 SWOT 矩阵分析图。

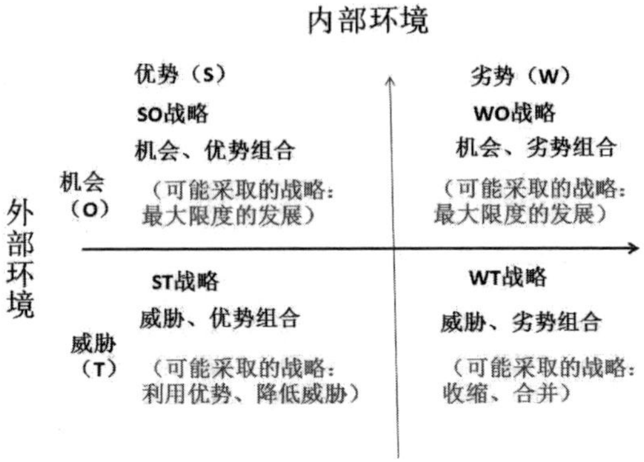

然后，在此基础上具体分析制定 SO 战略、WO 战略、ST 战略、WT 战略。

SO 战略：我方优势与有利的外部环境结合，分析如何最大限度地利用有利条件发挥优势，尽快发展。

WO 战略：我方劣势与外部机会条件结合，分析如何尽可能地利用机会回避自身弱点。

ST 战略：我方优势与外部的风险结合分析，研究如何发挥优势规避或减少外部风险和挑战所带来的损害。

WT 战略：外部风险与我方的弱点结合，将确定哪些部分是我方应极力收缩、避免甚至放弃的部分。

通过以上 SWOT 矩阵分析，创业项目及团队自身的长处与弱点，市场环境的风险与机会及这些因素相互结合可能产生的结果、应该采取的应对战略就一目了然、非常清楚了。

在这里，我们以《三国演义》中的经典案例赤壁之战为例，如果把由诸葛亮和周瑜领衔的孙刘联军视为一个项目团队，那么下边就是笔者模拟的两位项目经理在战前做出的 SWOT 矩阵及相应的战略分析图。

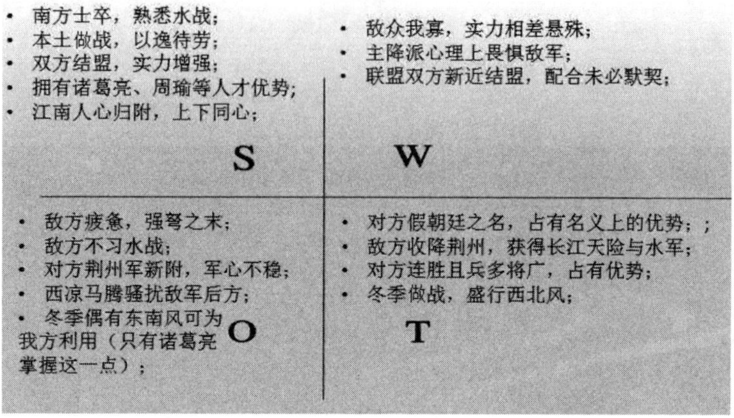

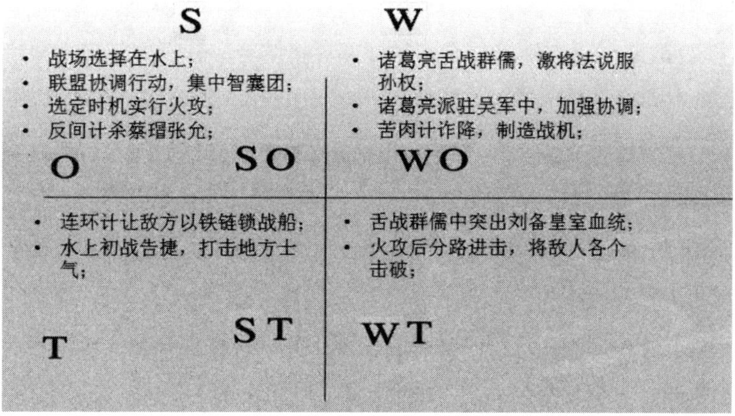

笔者再举一个 SWOT 分析法在创业项目中的应用实例。小明大学毕业后决定回到家乡，在一座二线城市开始创业。在创业项目的选择上，由于父母都是做餐饮行业的，他本人大学学习的专业又与餐饮服务管理相关，因此，首先锁定的是 O2O（Online To Offline 线上到线下）模式的送餐服务平台。然而，他很快发现在这座二线城市，美团、百度外卖、饿了么等送餐服务平台已经广布网点，并且吸引了本地大量的餐饮店铺入驻，他再做同样的平台已经没有任何成功的机会。经过广泛的市场调查，他逐渐把目光转向了厨师上门服务的网络平台项目，同样是 O2O 模式与餐饮服务的结合，却与美团等巨头提供的在线订餐服务错开了直接的竞争交锋。那么小明新设想的创业方向是否可行呢？为此，他在市场调查的基础上进行了 SWOT 分析，并制作出了新项目的 SWOT 矩阵，如下图所示。

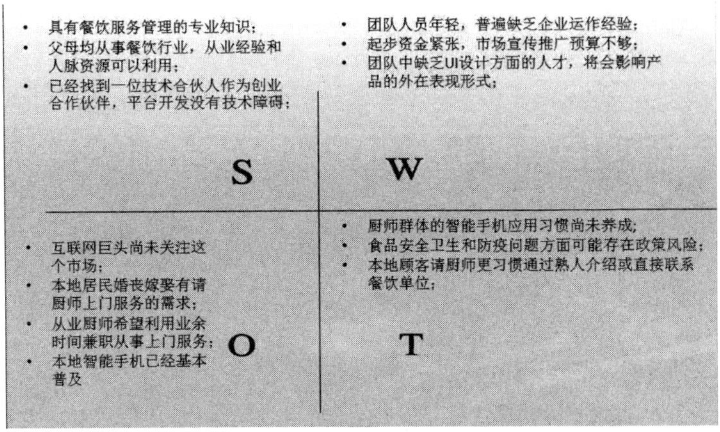

在以上 SWOT 分析基础上，小明和他的创业团队制定了自己的战略方针。

1. 根据平台核心功能参考类似的互联网约车服务软件的模式，尽快开发出第一代平台并上线提供服务，而后再通过迭代来逐步完善功能。

2. 通过聘请创业导师或公司运营顾问的方式，请有经验的人为公司运营提供帮助和指导。

3. UI 设计采取外包的形式，请专业公司为新平台提供设计服务。

4. 利用小明父母的人脉资源聘请厨师入驻平台，并为其免费提供服务，以便进行口碑宣传。

5. 与各饭馆签署合作协议，邀请其厨师免费入驻平台，从而为饭馆提供免费的宣传推广渠道，以此来换取在饭馆张贴宣传海报的回报，从而降低宣传成本。

6. 主动沟通当地工商、卫生、防疫等餐饮服务管理部门，就入驻平台的厨师资质审核和检疫检验等方面制定规则。

有了这样的市场分析和针对性的方针策略，小明和他的团队很快建立起了自己的O2O厨师在线邀约服务平台，并顺利拿到了天使投资，开启了他们的创业征程。

6.2 用项目管理的知识规划公司组织结构

在项目管理的理论中，项目组织的结构主要分为三种类型，即职能型、项目性和矩阵型，不同的项目组织结构对项目的实施会产生不同的影响。而在企业管理中，根据企业的不同业务形态，其组织结构划分也大致可以这三种项目组织结构类型为基础稍加变化调整。

因此，在组建创业公司，规划公司的部门结构的时候，不妨先了解一下项目组织结构的基本知识。

6.2.1 职能型组织结构

职能型组织结构是最为常见的组织形式，即系统的组织是按职能组织结构设立的，比如，我们看到很多公司会按照部门职能分为市场部、研发部、运营部、销售部、行政部等，这就是最典型的职能型组织结构。在职能型组织结构中，项目组并不是一个明确独立的组织结构，有关项目协调的事务往往是在职能部门的负责人这一层次上进行。职能型组织结构，如下图所示。

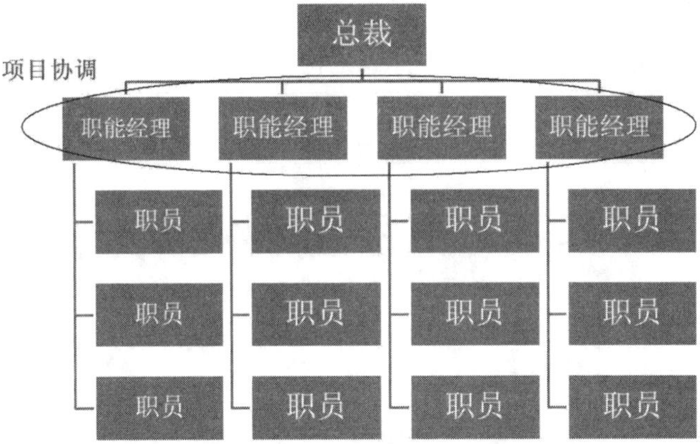

比如，小赵就职于某移动互联网创业公司的产品部，在产品上线一段时间后，他发现用户在使用本公司产品时，有一些需求公司现有的产品没有提供对应的功能，为此他向公司领导建议立即着手开发新的功能模块来满足用户的这种需求，并扩大用户量。公司经过研究同意了小赵的建议，并决定由小赵牵头，从公司的研发部、市场部、产品部各抽调一些人员组成一个临时的新产品功能模块开发小组，负责新的产品功能模块的开发。此时，小赵也就成了这个临时项目小组的 PM。

从以上例子我们可以看出，小赵所就职的互联网公司采用的就是职能型组织结构，这个临时项目小组尽管由小赵牵头负责，但是，由于其成员还都归属于各自部门，因此，小赵在项目实际开发过程中扮演的只是一个协调员的角色，他需要经常与各个部门的领导沟通，才能保证项目的顺利推进。比如，如果程序员在开发中需要在公司的服务器上开设新的权限，那么小赵可能就需要找运营部门和研发部门的负责人来落实这一需求。再比如，如果新产品做好了，需要公开测试的时候，要市场部门通过媒体对外发布相关信息，召集用户进行测试，那么小赵就要和市场部负责人沟通。

6.2.2 项目型组织结构

项目型组织结构又称项目化组织结构，如下图所示。

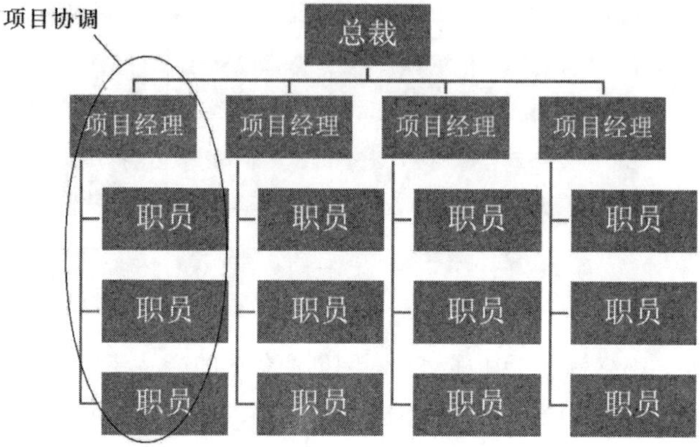

项目型组织结构与职能型组织结构完全相反，其系统中的部门全部是按项目进行设置的，每一个项目部门均有项目经理，负责整个项目的实施。系统中的成员也是以项目进行分配与组合，接受项目经理的领导，项目经理直接向公司高层领导汇报，拥有与职能型中职能部门负责人相同的权限。

同样是上面的例子，如果小赵所在的公司是项目型组织结构，那么小赵被任命为新产品的项目经理，小赵就将会对项目组成员具有完全的领导权，这些项目组成员无论是负责研发的程序员还是负责推广的市场人员，都由小赵统一调配指挥，小赵需要全权负责项目的进展，并向公司最高领导汇报。

显然，比起职能型的组织结构，项目型组织结构完全以项目为驱动，项目经理拥有更高权限。这种组织结构非常适合那些需要不断并行运作多个项目的企业，比如，专业软件外包公司。而创业公司往往在创业初期会全力运作一个项目，公司本身就相当于一个项目组，因此，很少有创业公司在创业初期采用项目型的组织结构。

6.2.3 矩阵型组织结构

矩阵型组织结构是结合了职能型和项目型组织结构的特征，将其各自的特点混合而成的一种组织结构。它在职能型组织结构的基础上会设立专门的项目部，项目部作为专职的项目管理部门，其成员根据公司的安排分别负责不同的项目组运作各种项目。而各个项目组的成员，理论上在项目进行中是接受项目经理和本职能部门经理的双重领导，而在有关项目的具体事物中，项目经理拥有更大决策权限。矩阵型组织结构，如下图所示。

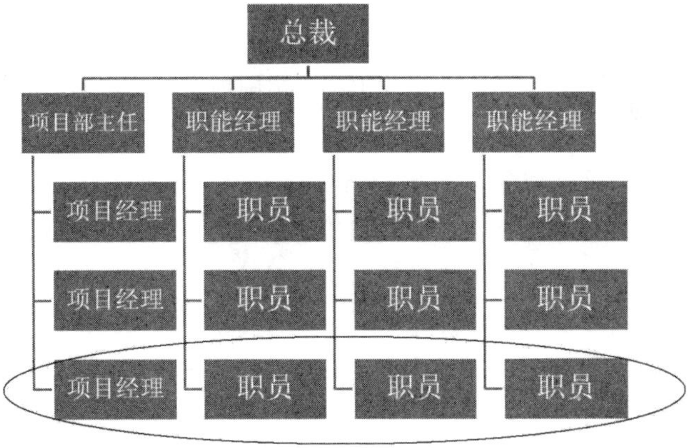

矩阵型项目组织又可分为弱矩阵组织结构、中矩阵组织结构和强矩阵组织结构，其区分主要体现在项目经理的决策权限，弱矩阵组织结构中项目经理的决策权限最小，而强矩阵组织结构中项目经理的决策权限最大，基本与职能部门经理的权限相同。

对于互联网创业企业来说，如果项目初期发展比较顺利，当业务需要扩充发展，需要启动新的项目和研发新的产品的时候，往往会在原有的职能部门基础上设立项目部，向矩阵型组织结构转化。

6.3 创业者应掌握的一些项目管理知识

本节我们将简要介绍对于创业者来说应该了解的基本项目管理知识。如果想要深入系统地了解项目管理的知识体系和内容，建议还是抽时间阅读本节后边推荐的一些项目管理领域的专著。

6.3.1 五大过程组和九大知识领域

无论身处哪个行业，对于从事项目相关工作的人来说，对项目管理知识体系的理解和掌握，对于提升管理水平，促进同行沟通与交流有着非同寻常的意义。

现代项目管理的概念起源于美国。美国项目管理协会（PMI）成立于1969年，是一个拥有近40万名会员的国际性学术组织。它致力于向全球推行项目管理理念与方法，在教育、会议、标准、出版和认证等方面进行投入，以提高全球项目管理专业的水准，项目管理知识体系即PMBOK（Project Management Body of Knowledge）是美国项目管理协会所提出的全球标准，该知识体系构成了PMP认证考试的基础。它的第一版在1996年正式推出，由200多名国际项目管理专家历经四年才完成，集合了国际项目管理界精英的观点，避免了一家之言的片面性。每隔四年，来自世界各地的项目管理精英会重新审查更新PMBOK的内容，使它始终保持项目管理学科的“圣经”地位。

项目管理知识体系（PMBOK）的主要内容由项目管理五大过程组与九大知识领域构成。五大过程组或项目管理的五个阶段分别是：项目启动、项目规划、项目执行、项目监控与项目收尾，涵盖了项目管理工作的全过程。 如下图所示为项目管理五大过程组和项目管理五大过程组的详细流程。

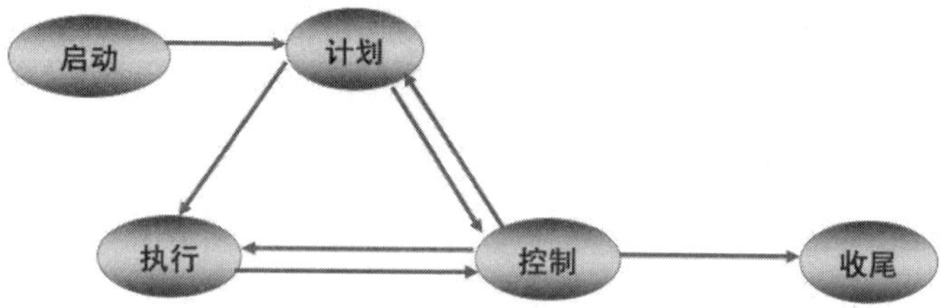

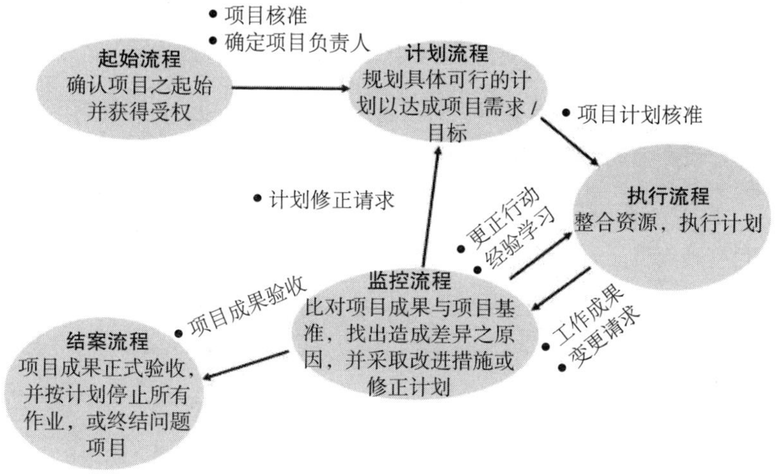

九大知识领域是针对项目经理必须掌握的基本知识而构成，具体包括如下内容。

整合管理——侧重于阐述项目经理在整个项目管理生命周期内的重要整合工作，比如，制定项目章程、制定项目管理计划、项目执行、项目监控与整体变更控制、项目或阶段收尾工作。通过整合工作，能充分发挥项目经理的综合价值。

范围管理——通过需求分析来制定项目范围，进而做工作分解结构（WBS），以制定项目的范围基准，并在项目工作中参照范围基准来核实范围并控制范围。

时间管理——通过对 WBS 进一步分解到活动层次，明确活动的资源和时间估算，进而制定出项目进度计划网络图，使用关键路径法或关键链法最后确定进度基准，并在工作中根据进度基准来控制进度。

成本管理——对整个项目工作的成本进行估算，制定成本基准，制定预算，并在工作中控制成本。

质量管理——要求项目管理人员了解基本的质量管理思想与工具，对质量计划、质量保证、质量控制有明确理解，对基本的质量控制工作如鱼骨图、控制图、直方图、帕累托图等能初步了解。

人力资源管理——侧重于对项目团队成员的管理，包括规划团队职责、建设高绩效团队，冲突处理，以及人际关系技能。

沟通管理——项目经理将 90% 的时间花在沟通上，沟通管理要求项目管理人员能与项目干系人进行有效沟通。

风险管理——使得项目经理建立风险意识，掌握风险识别、风险分析与风险应对的基本策略。

采购管理——在项目的部分工作包需要外包的情况下，项目经理应掌握基本采购与合同管理知识。项目管理九大知识领域如下图所示。

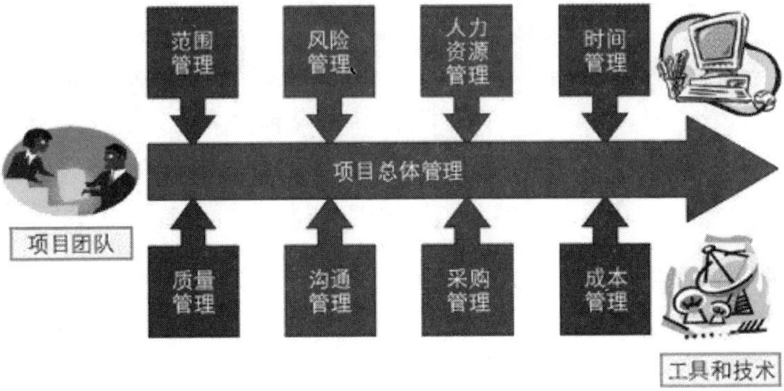

除 PMBOK 的基本内容外，作为一个称职的项目经理，还必须具有相应的通用管理知识和经验、相关的业务知识背景，以及具备良好的职业道德。也就是说，项目经理并不只是一位专才，而应当是一个具有相当丰富的项目管理知识，并具有相应专业知识结构的复合型通才。

6.3.2 项目管理三角形

所谓项目管理三角形，是指项目管理中范围、时间、成本三个因素之间的互相影响的关系。如果我们在纸上画一个三角形，在各个边上标上时间、范围、成本（等边三角形），观察这个三角形，如果我们改变其中任何一条边的长度，那么必然带动其他边的变形，比如，如果时间缩短，那么会怎么样？这大概就是我们常说的“献礼工程”的情况，为了赶工期缩短项目进行时间，那么同时必定会影响项目质量（或范围）和成本。为了缩短项目时间，就需要增加项目成本（资源）或减少项目范围；为了节约项目成本（资源），可以减少项目范围或延长项目时间；如果需求变化导致增加项目范围，那么就需要增加项目成本（资源）或延长项目时间。

这就是项目三角形的概念。在创业团队的项目开发中，创业者经常面对的就是项目三角形的平衡问题。比如，由于资金有限，无法聘请太多开发人员，那么必然导致产品研发周期增加，而不断拖延的研发周期又可能导致错失最佳市场机遇，为此就只好减少项目范围，比如，减少产品规划的功能，把一些非必要的功能延后到产品上线后，在进行迭代时再实现。

6.3.3 WBS与项目责任矩阵

WBS，即工作分解结构（Work Breakdown Structure），在项目管理中通过WBS把项目逐层分解成较小的，更易于管理的组成部分以便执行和交付。简单来说，WBS就是把一个复杂的项目分解为易于执行的若干组成部分，每个组成部分如果仍然比较复杂，则可以继续分解，直到分解为可执行交付的成果，这个最底层的可执行交付成果就称为工作包（WorkPackage）。比如，制造汽车，本身是一个非常复杂的项目，为了更好地执行，人们可以把这项工作首先分解为前期设计、零部件制造和整体组装三个部分。零部件制造又可以按照汽车部件分为发动机、变速箱、转向系统、车身……最后分到每一个工作包都是在可预计和控制的时间范围内由责任人完成，比如，给汽车车身喷漆这样一道工序，就是一个可执行交付的项目成果，即工作包。这样只要参与项目的每个单元都能保质保量按期完成自己的工作包，那么整个项目就可以顺利完成。

一般做WBS分解的时候，针对不同的项目可以尝试按照以下几个思路进行分解。

1. 按产品的物理结构分解，比如，汽车的制造过程。

2. 按产品或项目的功能分解，比如，一个购物网站的开发可以按照不同的功能模块分解为数据管理、用户管理、产品管理、购物车、支付、信息发布等。

3. 按照实施过程分解，比如，网络游戏的开发运营就可以分解为前期策划、产品研发、游戏测试、上线运营等几个阶段。

为了让大家对WBS分解有更清楚的了解，我们以大家耳熟能详的古典小说《西游记》中讲述的西天取经的故事为例进行说明，唐僧师徒西天取经其实是一个非常复杂的系统工程项目，参与这个项目运作的除了唐僧师徒五人（包括白龙马）组成的取经小分队作为项目执行团队以外，还包括项目发起人如来、项目赞助人唐太宗、项目经理观音等，在项目的实施中，项目团队要徒步走完十万八千里的路程，历经八十一难，方能取回真经完成项目。对于这样一个复杂的项目，我们可以将其进行如下的 WBS 分解。

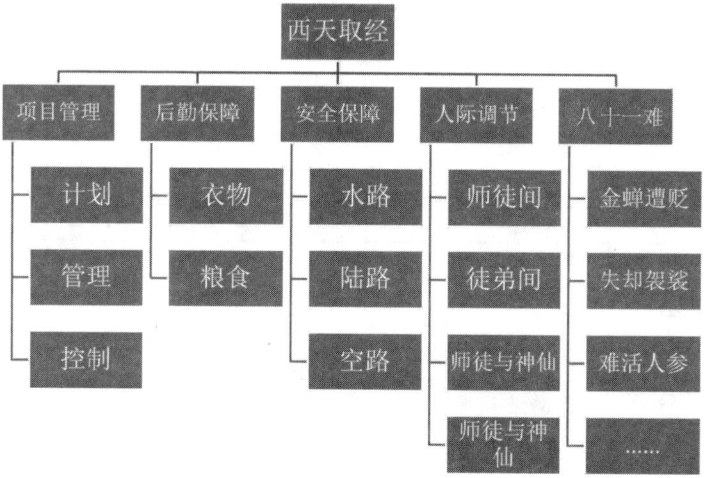

有了 WBS 分解图，再把每一个工作包分发给具体的责任人，如有必要还可划分主要责任人、次要责任人和参与者的角色，这样就形成了责任矩阵。责任矩阵是项目管理中最重要的一环，将每项任务责任到人。一般矩阵纵列列出项目中的各项细节任务，横排写出项目相关人员名称，在其交叉格内标明每个人员的角色。下边就是根据以上西游项目的 WBS 做出的西游取经项目的责任矩阵图。

工作编号	WBS 活动	唐僧	孙悟空	猪八戒	沙和尚	其他人
1	取经项目					
1.1	项目管理					
1.1.1	计划	Z				
1.1.2	管理	Z	C	C	C	
1.1.3	总结	C	C	C	C	
1.2	后勤保障					
1.2.1	衣物	C	J	J	Z	
1.2.2	粮食	C	Z	J	J	
1.3	安全保障		Z	C	J	
1.3.1	水路		C	J	Z	C
1.3.2	陆路		Z	J	C	C
1.4	人际关系调节					Z
1.4.1	师徒间	J	C	C	C	Z
1.4.2	徒弟间	J	C	C	C	C
1.4.3	师徒与外界	Z	J	J	J	C
1.5	总结					

注：Z 为主要负责，C 为参与，J 为次要负责，F 为辅助。

6.3.4 甘特图与项目里程碑

当责任矩阵明确了项目各项工作的责任人以后，就可以着手制定项目实施的时间进度表了，这时，就可以用到甘特图。甘特图（Gantt chart）又称为横道图、条状图（Bar chart）。以提出者亨利·L·甘特先生的名字命名。

甘特图以图示的方式通过活动列表和时间刻度形象地表示出任何特定项目的活动顺序与持续时间。它基本是一条线条图，横轴表示时间，纵轴表示活动（项目），线条表示在整个项目期间计划和实际的活动完成情况。它直观地表明任务计划在什么时候进行，以及实际进展与计划要求的对比。项目管理者由此即可清楚地了解一项任务还剩下哪些工作要做，并可评估工作进度。比如，如下一个项目甘特图。

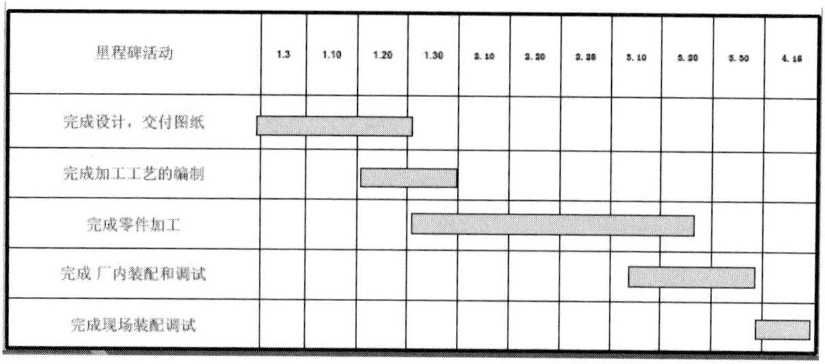

甘特图因其直观、清晰而在项目管理中得到广泛应用。很多项目管理的软件中也都是以甘特图来控制项目的进度，比如著名的 Microsoft Project。

在创业项目中，甘特图可以帮助创业者更好地规划和控制项目的进展，因此非常重要。而且很多项目管理的工具软件都可以帮助人们合理地安排和制定项目计划和里程碑，并最终生成甘特图，所以建议每一个创业者都应该学会利用甘特图来更好地规划和控制你的创业项目的进展。

6.3.5 敏捷开发与 SCRUM 框架

移动互联网行业是个快速发展的行业，需求不断变化，产品更新也很快，因此，它对项目开发管理也提出了很多新的要求。比如，移动互联网产品更新迭代快，在传统的开发模式下，往往需要较长的项目计划准备来制定项目的最终目标，然后，在整个项目进行中还需要大量的复杂文档进行项目控制，这样不但使项目开发的节奏变慢，还会出现项目开发进度与市场变化脱节的问题。因此，近年越来越多的互联网项目开发中引入了先进的敏捷开发的思想。敏捷开发和 SCRUM 开发框架已经在互联网项目开发中越来越流行，下面就简单介绍一下有关敏捷开发的概念。

敏捷开发以用户的需求进化为核心，采用迭代、循序渐进的方法进行软件开发。在敏捷开发中，软件项目在构建初期被切分成多个子项目，各个子项目的成果都经过测试，具备可视、可集成和可运行使用的特征。即把一个大项目分为多个相互联系，但也可独立运行小项目，并分别完成，在此过程中，软件一直处于可使用状态。SCRUM 就是一个敏捷开发的框架，它由一个开发过程、几种角色及一套规范的实施方法组成。

SCRUM 将开发过程分为多个 Sprint 周期，Sprint 代表一个 2~4 周的开发周期。每个 Sprint 有固定的时间长度。SCRUM 要求每天开发团进行一次简短的 SCRUM 会议（Daily SCRUM Meeting 每日 SCRUM 会议）。会议上，每个团队成员需要汇报各自的进展情况，同时，提出当天遇到的各种障碍。每个 Sprint 周期结束后，都应该有一个可以使用的系统交付应用，同时，进行 Sprint 审查会议（Sprint review meeting）。在审查会上，开发团队将会向最终用户演示新的系统功能。同时，用户会提出意见及一些需求变化。这些需求变化可以在随后的Sprint 周期中得以实现。Sprint 回顾会总结上次 Sprint 周期中有哪些不足需要改进，以及有哪些值得肯定的方面。最后，整个过程将从头开始，开始一个新的 Sprint 计划会议。由此，循环往复的迭代开发推进产品的功能改进。

Scrum 开发的流程主要有三大角色。

产品负责人（Product Owner）：主要负责确定产品的功能和达到要求的标准，指定软件的发布日期和交付的内容，同时，有权力接受或拒绝开发团队的工作成果。

流程管理员（Scrum Master）：主要负责整个 Scrum 流程在项目中的顺利实施和进行，以及清除挡在客户和开发工作之间的沟通障碍，使得客户可以直接驱动开发。

开发团队（Scrum Team）：主要负责软件产品在 Scrum 规定流程下进行开发工作，每个成员可能负责不同的技术方面，但要求每位成员必须要有很强的自我管理能力，同时，具有一定的表达能力；成员可以采用任何工作方式，只要能达到 Sprint 的目标。

以下示意图可以直观地看出敏捷开发与传统开发模式的区别。

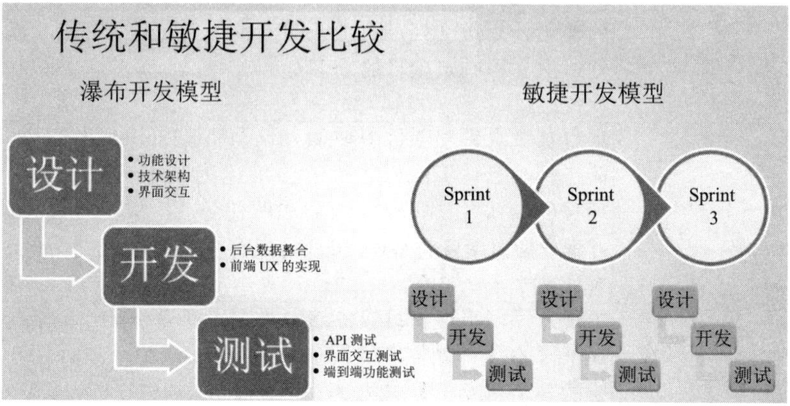

举例来说，假如有两个创业团队 A 公司和 B 公司，都在开发一个药品互联网配送的 O2O 电商项目。其中，A 公司采用传统的项目开发管理模式，B 公司则引入敏捷开发的 Scrum 模式进行开发。假设两个团队基本上是投入同样的人力在基本相同的时间起步，开始进行电商平台的研发。那么，我们将会观察到两个团队在开发进程中有如下的不同情况。

项目环节	A 团队	B 团队
项目启动	CEO 带领团队的项目负责人及技术主管一起准备项目章程、项目初步范围说明书，召开项目启动会议，确定项目目标为开发完成本团队的 O2O 电商平台，宣布项目经理人选，公布项目管理办法，CEO 做动员讲话；CEO 与项目经	CEO 作为 Product Owner（产品负责人）带领团队制定 Product Backlog（按优先顺序排列的一个产品需求列表）；产品负责人作为 Scrum Master（流程管理员）带领 Scrum Team（开发团队）根据产品需求列表做工作量预估；Scrum Master 主持召开 Sprint Planning Meeting（Sprint 计划会议），团队成员讨论后，确定首

续表

项目环节	A 团队	B 团队
	理及项目团队共同制定出项目交付标准、项目的变更计划等文档，根据以上文档制定项目的执行计划	先用四周时间开发出一个只包含平台最基础的功能模块的版本作为项目的首个 Sprint 的 Story（任务目标）
项目分工	项目负责人带领项目团队进行项目估算，制定项目的 WBS 工作分解，并据此做出项目的 WBS 责任矩阵	项目团队负责把 Sprint 任务目标进一步细化为若干可以在两天内完成的任务，形成一个 Sprint Backlog（任务需求列表）
项目的阶段划分	由项目经理根据项目的 WBS 责任矩阵制定出项目的各个重要里程碑和项目的甘特图；计划用四个月的时间完成整个项目平台的开发和部署上线	在 Scrum Master 带领下，根据 Product Backlog 把整个项目划分为三个 Sprint 周期进行迭代开发，平均每个 Sprint 周期为四周
项目的变更控制	变更申请者需要填写详细的变更需求表，表中包含了变更细节、对项目的影响、风险、缓解计划等条目，然后由项目经理、CEO 等层层审批，如果涉及重大变更，则还要开会讨论以决定是否批准变更，一旦变更请求通过，则要对所有项目控制相关文档进行更新，然后交由开发人员具体执行	由于采取按 Sprint 短周期进行迭代的方式推进项目，每个 Sprint 的 Backlog 中的任务都控制在两天内完成，因此，很少会出现进行项目变更的情况，除非 Backlog 的划分有问题，那么则需要仔细跟踪变更产生的原因并进行调整

续表

项目环节	A 团队	B 团队
项目团队的日常沟通	各项目组成员每天填写工作日报向项目经理汇报工作进度，项目经理通过各种项目表格收集项目各方面的信息，并主持召开项目的定期会议向 CEO 汇报	团队每天通过 5 分钟的 Daily Scrum Meeting（每日站立会议）来交流项目进度，每次会议控制在 15 分钟左右，每个人必须发言，向所有成员当面汇报昨天完成了什么，并且向所有成员承诺今天要完成什么，同时，遇到不能解决的问题也可以提出，每个人回答完成后，要走到黑板前更新自己的 Sprint burn down（Sprint 燃尽图）
项目的进度	从立项到项目启动历经若干个里程碑，耗时五个月完成开发，部署到服务器以后又经过一个月的项目测试和验收收尾，项目完成，最终上线，整个项目历时六个月	在第一个 Sprint 结束后，项目团队举行了 Sprint Review Meeting（演示会议 / 评审会议），经过 CEO、产品负责人的评审，包括基本功能的第一版产品被部署到服务器上并正式上线，而开发团队则紧接着举行了 Sprint Retrospective Meeting（回顾会议 / 总结会议）讨论了本轮 Sprint 开发中需要改进的地方；随后开始进入下一轮 Sprint 的产品开发；如此循环往复，每一轮 Sprint 结束后，都会对已经上线的产品进行一些功能增加和性能增强的迭代升级；而这些迭代升级并不需要中断产品的正常使用，因此，产品实际从立项到开发到上线仅用了不到两个月的时间，达到功能基本完善（与 A 团队的最终产

续表

项目环节	A 团队	B 团队
		品功能类似）大约历时四个月，而这种以 Sprint 为周期的迭代并不会就此终止……

从上面的表格对比，可以看到在 A 团队采用的传统开发模式下，项目团队需要和大量的文档表格打交道，召开各种冗长的会议；由于整个开发周期较长，而项目计划制定是在项目早期进行的，因此，在项目进行中间极有可能出现因计划阶段考虑不周或市场环境发生变化而进行的项目变更，而变更本身的复杂控制流程又会进一步降低项目的开发效率，整个项目历经半年时间，才最终完成。相比之下，B 团队采取的敏捷开发模式把产品开发过程拆分后按 Sprint 推进，在第一个 Sprint 就完成了具备基本功能的可部署上线的版本；随后的开发流程都是以为期四周的 Sprint 为单位推进，进行产品迭代，而且在产品迭代中产品始终处于可正常使用的状态；这就为 B 公司争取到了更早上线的市场先机，而且在迭代中可以随时对市场变化做出响应和调整，基本上可以避免项目进行中因项目计划变更产生的资源浪费，整个开发过程更平滑，效率也更高。相较之下，显然敏捷开发这种短周期频繁迭代的模式显然与充满变化的互联网市场更匹配。

不过，敏捷开发也对开发项目团队提出了更高的要求，尤其是Scrum Master更是整个敏捷开发中的灵魂人物，对于能够担当此责任的人也具有更高的要求。而合格的Scrum Master在现在的人才市场上属于相对稀缺抢手的人才资源。对于创业团队来说，如果找不到适合的可担当Scrum Master的人才，则应对敏捷开发模式采取慎重的态度。在这种情况下，推荐创业团队可以采取折中的模式，即参考借鉴Scrum敏捷开发的思想，比如短周期，快速迭代、每日站立会议等思想和做法，而项目团队的组织模式和整体项目控制，则采用精简的传统模式。

当然，敏捷开发在实际的执行中还有很多规范和方法，现在国内外也有很多专门的敏捷开发的管理应用软件，如微软公司的TFS（Team Foundation Server）、泰克赛尔公司（TechExcel）的相关管理工具软件等，都可以帮助软件开发者在项目管理中更好地执行敏捷开发控制项目进度。

6.4 向创业者推荐一些项目管理的书籍

以上简要介绍了有关项目管理的基本概念，以及作为创业公司负责人应该掌握的一些项目管理的知识和工具方法。作为创业者如果希望深入系统地学习和掌握项目管理的知识，建议还是抽时间阅读一些有关项目管理的专业书籍。在这里，笔者推荐一些中外有关项目管理，特别是IT项目管理的理论书籍，供创业者参考。

考虑到创业者对于项目管理知识的运用主要偏重于实践指导和经验学习，而非为了理论知识和资格证书考试，因此，笔者重点推荐一些结合IT项目和产品开发实践讲述项目管理知识的图书，如果你对项目管理的纯理论更感兴趣，那么其实可以考虑直接研读《项目管理知识体系指南》[亦即PMBOK，美国项目管理协会（PMI）对项目管理所需的知识、技能和工具进行的概括性描述]，能找到的是第五版中文版，其第六版应该于2016年正式发布。

以下就是笔者推荐给创业者阅读的一些项目管理方面的书目。

书　　名	作　　者	内容简介及推荐原因
IT 项目经理成长手记	潘东 / 韩秋泉	通过一名由程序员成长起来的 IT 项目经理经历的故事介绍 IT 项目管理的理论和方法，本书内容最大特点是通过生动的故事来介绍项目管理的基本理论，因此，非常适合作为项目管理的入门读物来阅读
人月神话	布鲁克斯	软件开发项目管理的圣经级作品，之所以推荐本书，主要就是因为它太经典了，作者布鲁克斯（FrederickP.Brooks）被誉为“IBM System/360 之父”，他曾是这一项目的项目经理。作者在书中以“焦油坑”比喻软件开发项目中遭遇的问题，揭示了简单以“人月”为单位来规划调度软件项目本身就是一个不可能实现的神话，并提出了一些解决以上问题的建议
项目管理修炼之道	罗斯曼	本书基于作者多年项目管理的实践经验，讲解了软件项目管理的各个要素。内容涉及了软件项目管理的九大知识领域和五大过程组的几乎全部内容，最大特点是全书使用提示和生动的案例来进行讲解，可以让读者融会贯通领会软件项目管理的精髓
最后期限	汤姆·迪马可	本书实际上是一部小说，通过小说情节来讲述项目管理，因此，读起来很生动，创业者可以在自己公司的项目开发中把它作为从紧张工作中放松调剂的读物来阅读，如果对照现实中自己负责的项目进度，那么就会发现小说情节对现实中的开发项目的反映惊人的相似，并能从中有所领悟
人人都是产品经理	苏杰	作者作为阿里巴巴的产品经理，通过自己三年的工作经历分享了有关 IT 产品开发的心得。由于是国人撰写的产品经理图书，因此，内容很接地气，非常值得创业公司的 CEO 和产品经理阅读

续表

书　　名	作　　者	内容简介及推荐原因
IT 项目管理（第 6 版）	凯西·施瓦尔贝	通过对项目管理九大知识领域及五个过程组的讲解，为管理 IT 项目提供了坚实的框架和内容，是学习 IT 项目管理理论的经典教科书，创业者如果想系统地学习项目管理的知识理论又不想看《项目管理知识体系指南》，同时，又觉得国内一些项目管理教材太简单，那么本书是一个可以考虑的选择
SCRUM 敏捷项目管理	施瓦伯	介绍一种迭代式增量软件开发过程——SCRUM，这是一种通常用于敏捷软件开发的方法，适合对敏捷软件开发感兴趣的企业管理者阅读
IT 项目管理那些事	王宝强等	本书汇集了 11 个来自一线项目经理的实际经历的案例，阐述项目管理的实施过程、项目经理的成长和团队成员的培养历程。本书优点是案例全部来自项目开发的一线实践，而且 11 个案例覆盖了从软件外包到游戏研发等国内 IT 项目管理的各个领域。缺点是系统性不强，缺乏理论分析，一些案例有些过时，因此，推荐创业者挑选那些和自己关注领域相关的章节阅读

6.5 思考题

A 公司是一家生产电子设备的中型公司，该公司现在同时开展着十个项目，并且这些项目处于不同阶段。该公司拥有很多项目经理，他们全都向总经理负责，项目团队成员既要受职能部门经理领导，也要受项目经理领导。比如，电气工程师既要归电力工程部经理领导，也要由所在项目的项目经理安排工作。有些人只为一个项目工作，有些人则分时间段在各个不同的项目中工作着。

小李于某大学电气工程专业硕士毕业后的六年间一直在该公司工

作，级别是高级电气工程师，向电气工程部经理负责。前不久，公司获得一个 200 万元的合同，小李被提升为项目经理负责这一项目。

小李被提升为项目经理后，高级电气工程师这一职务空缺，于是，公司招聘了一位新员工小王。小王与小李的专业相同，并已获得博士学位，而且已经有八年的工作经验，专业能力很强。小王进入公司后被分配到小李的项目团队中。

由于小李不了解小王的工作方式，因此，他经常找小王谈话，建议他怎样进行方案设计等，但是，小王根本不理会他的看法。有一次，小王告诉小李，他有一个使系统成本降低的创新设计方案。小李听了以后说："尽管我没有博士头衔，我也知道这个方案毫无意义，不要这样故作高深，要踏实地做好基本的工程设计工作。"这使得小王很不高兴，他觉得小李的做法根本就不像一个项目经理所为，认为小李还是比较适合从事技术工作。

问题：

1. 分析一下 A 公司属于哪种项目组织结构？为什么？

2. 你认为该项目的技术人员小王对待项目经理小李的态度合适吗？

3. 你认为小李胜任项目经理这个职位吗？为什么？

扫码参与线上讨论

创业灯塔

Enterpreneurship

第7章 赢在市场：产品的推广与销售

7.1 概念

7.1.1 推广

推广，在概念上有两个含义，一是推衍扩大。二是扩大施行或作用范围。

推广，换句话就是做广告。

把自己的产品、服务、技术、文化、事迹等通过传统的四大媒体（报刊、广播、电视、网络）广告让更多的人和组织机构等了解、接受，从而达到宣传、普及的目的。

在互联网上,我们往往采用搜索引擎优化(SEO)的方式来推广网站、店铺等。

7.1.2 销售

销售是指以销售、租赁或其他任何方式向第三方提供产品或服务的行为，包括为促进该行为进行的有关辅助活动，比如广告、促销、展览、服务等活动。或者说，销售是指实现企业生产成果的活动，是服务于客户的一场活动。

7.1.3 营销

营销是指，企业发现或挖掘准消费者需求，从整体氛围的营造及自身产品形态的营造去推广和销售产品，主要是深挖产品的内涵，契合准消费者的需求，从而让消费者深刻了解该产品进而购买的过程。

营销的目的是：产生可持续性收益。

营销的本质是：抓住用户的需求，并快速把需求商品化。

7.2 常见的推广方法

从概念上不难看出推广和销售关系密切，两者加在一起，就是所谓的营销。对于企业来讲，推广的目的之一是销售，销售的效果受到推广效果的影响。营销方案可以直接包含推广方案和销售方案。

在战略层面来看，推广和销售如果独立运作，其意义不大。但是，如果能将推广和销售结合在一起，抓住用户需求点，快速把需求产品化，产生可持续性收益，才是企业真正想做的和应该做的。

推广的方法很多，而且各种推广方法中还经常存在交错叠加的情况，没有哪一种方法可以万能通吃。笔者在本章里，就先介绍一些传统的，然后再把一些简单可行、经济实惠的方法教给大家。希望能对读者有用。

7.2.1 电子邮件推广

以电子邮件为主要的网站推广手段，常用的方法包括电子刊物、会员通信、专业服务商的电子邮件广告等。

电子邮件推广方法，来源于最早的 DM（Direct Mail advertising）推广方法。即通过邮寄、赠送等形式，将宣传品送到消费者手中、家里或公司所在地。起初只有通过邮局的广告才可能称为 DM 广告，直到 1995 年国家工商行政管理局出版的全国广告专业技术岗位资格培训教材《广告专业基础知识》中，把 DM 硬性定义为直销广告（Direct Market AD）DM 广告。

电子邮件推广需要有一定数量的用户邮件地址为基础，与滥发邮件（Spam）不同，一般电子邮件推广都是经过用户许可的，不是垃圾邮件或骚扰型邮件。在互联网环境较为成熟的今天，垃圾邮件已经没有推广价值了，只有经过许可的 DM 电子邮件推广，才有价值。所以，在邮件内容的订制化、品质等方面都比简单的邮件推广要高出很多，推广效果也更好。尤其在社群运营方面，在同一社群中，在信任用户群体（如俱乐部、会员等）之间的电子邮件推广，是最为廉价的推广方式之一。

7.2.2 资源合作推广

通过网站交换链接、交换广告、内容合作、用户资源合作等方式，在具有类似目标网站之间实现互相推广的目的，其中，最常用的资源合作方式为网站链接策略，利用合作伙伴之间网站访问量资源合作互为推广。

“谈合作”这三个字在当今推广领域中出现的频率极高。很多人在市场推广方面都不愿意花钱。都想用资源互换、合作共赢的方式一起做推广。

每个企业网站、官方微信号、微博等自媒体资源虽然自身的媒体价值不见得有多高，但自从自媒体出现后，资源互换、合作共赢的筹码中，一直都有其一席之地。也成为商务交流中，最容易做的推广方法之一。然而在一般情况下，其推广效果微乎其微。真正的高流量网站或自媒体，也不会轻易以免费资源互换做合作推广，有价值的自媒体，其自身的价值，早已经不是免费可以换取的了。

7.2.3 快捷网址推广

快捷网址推广是合理利用网络实名、通用网址，以及其他类似的关键词网站快捷访问方式来实现网站推广的方法。这类推广方法主要是以同浏览器软件、移动设备的预装合作为主。比如 360 浏览器、小米手机等合作效果都相当好。但其市场价格也是不菲的。

7.2.4 网络广告推广

网络广告是常用的网络营销策略之一，在网络品牌、产品促销、网站推广等方面均有明显作用。网络广告的常见形式包括 BANNER 广告、关键词广告、分类广告、赞助式广告等。

有实力的大牌公司在产品营销的关键节点通常不会吝惜广告费的投入。比如，网络游戏《征途》在推广期间，曾经包下注明网络游戏媒体 17173 的首页全版广告。同样的案例也经常出现在天猫双 11 促销、京东 618 大促等大型营销活动中。但初创企业经济拮据的情况下，一般还是没有这么大数额的广告预算的。量力而为是广告推广的核心，相信理智的创业者和企业管理者也不会冒太大的风险去做这个冤大头。

7.2.5 网红推广和明星代言

网红推广是新词，其实就是从以前的博客营销进化出的新版本的自媒体推广方式。之所以没把自媒体推广单独列为一项。是因为现在普通的自媒体已经基本没有什么价值了。

所谓自媒体时代，吸引眼球的东西实在太多了。如果不是网红，那么对自媒体的关注度是微乎其微的。这也是为什么 papi 酱能火到这个程度，还能拿到投资的主要原因。

网红推广和明星代言推广类似，但明星代言不够深入，可以说已经比较过时了。基本上除了高端消费品的品质效应和年轻一代的追星效应外，其他产品推广已经不太买明星代言的账了。而且相对网红，明星代言的费用更高，不如网红推广来得实在。所以，很多的大腕明星也在大力运营自己的自媒体账号，依靠名人效应，吸纳粉丝，做起了明星网红。比如，姚晨、谢娜等娱乐明星的微博粉丝数以百万计，其推广效果还是相当不错的。

7.3 五大推广渠道的优缺点

传统的推广渠道是指报纸、杂志、广播、电视等四大媒体传播推广渠道。由于近年来互联网的发展壮大，互联网已经发展成为第五大推广渠道。

7.3.1 报纸

1. 报纸广告的优势

传播范围大，读者众多且相对稳定。在通常情况下，报纸的发行量都比较大，尤其是全国发行的综合性报纸，而且这些读者是相对稳定的。

读者对象选择性强，许多报纸都拥有自己特定的读者群。

可信度高，印象深刻。一般来说，报纸在读者的心目中享有较高的信誉，它所发布的新闻消息具有一定的权威性，借助报纸刊登广告，能赢得读者信任。

灵活性，这往往是报纸能吸引广告主的另一重要原因。报纸广告不需要复杂的制作程序，从稿件处理到制版印刷时间很短。同时，广告版面的大小、颜色和有关细节可灵活掌握，广告主可根据自身的具体情况及市场对产品、对广告的反应随时对广告讯息进行修改。

报纸广告不像电视、广播广告那样转瞬即逝，不可追踪，它用“白纸黑字”的书面语言把广告信息准确地传达给受众，便于消费者收集有关资料，事后可进行保存、查阅。

2. 报纸广告的劣势

生命周期短 人们读报时倾向于快速浏览，而且是一次性的。一份日报的平均生命周期只有短短的 24 小时，因此，其生命周期是很短的。

干扰度高 很多报纸因为刊登广告而显得杂乱无章，过量的信息削弱了任何单个广告的作用。即使是增刊广告，现在也因为太厚而显得更加混乱。

产品类型限制　报纸和所有的印刷媒体一样有着共同的缺陷。有些产品不能在报纸上做广告，比如要演示的产品。

印刷质量欠佳　印刷质量欠佳是各种报纸普遍存在的问题，尤其是广告讯息以图片形式出现时为甚。报纸通常印刷不够精美，且多数是黑白报纸，难以造成强烈的视觉美感。但近年来，随着报纸彩印化趋势的加强，报纸的美感正在加强。

7.3.2 杂志

1. 杂志广告的优势

目标受众　杂志大多是以特定目标受众而发行的。

受众接纳度高　杂志内容本身的权威性和可信性使广告也沾了它的光。很多杂志声称，在他们出版物上出现的广告都使其产品更有吸引力。

生命周期长　杂志是所有媒体中生命力最强的媒体。

版式　人们倾向于较慢的阅读杂志，通常要用几天的时间，因此，他们有时间阅读详细的报道。杂志可以有多页面、插页和专栏等，从而使版式更富于创造性和多样化。

视觉效果　杂志通常使用高质量的纸张印刷，因此，有很好的视觉效果，可以印出更加精美的黑白或彩色图片。

销售促进作用　广告主可以有多种促销手段，如发放优惠券，提供样品或通过杂志发送资料卡。

2. 杂志广告的劣势

有限的灵活性　广告主在遇到市场情况变化时，需要变更广告内容很困难，一些时效性广告也无法使用杂志媒体。

缺乏及时性 有些读者在杂志到手后很长时间都不去读它，所以，广告要作用到这些读者还需要一段时间。

制作复杂，成本高。

递送问题 除了少数杂志，大多数杂志不是在所有的书报摊上都出售。如何使杂志到达目标受众是较为严峻的问题。

7.3.3 电视

1. 电视广告的优势

传播面广 很多广告主把电视看作是传播广告信息最有效的方法，因为它的到达面非常广。数以万计的观众定期看电视。电视不仅能达到很大比重的人口，而且还能到达印刷媒体不能有效到达的人群。

冲击力 电视画面和声音可以产生强烈的冲击力。电视也允许很大程度地创新，因为它将画面、声音、颜色、动作和戏剧结合起来。电视有令人难以置信的能力：它能使平凡的产品显得很重要、令人兴奋、有趣。如果广告令人喜爱，则还能使消费者产生对赞助商的正面联想。

渗透力强 电视对我们的文化有着强烈的影响。对多数人来说，电视是一种主要的信息来源、娱乐形式和教育途径。它是我们生活中的一部分，以至于我们更容易相信那些在电视上做广告的公司，而不相信那些不做广告的公司。

2. 电视广告的劣势

媒体生命短暂 在电视节目中，一则电视广告多在几秒或几十秒之间，广告讯息稍纵即逝，观众稍不留意就会错过，而一旦错过，受传者就无从查找，这就大大影响了对广告商品的认知、记忆效果。

费用 电视广告的制作和播放的成本非常高。

干扰 电视广告的干扰非常多。

对观众没有选择性 虽然已有各种技术，能够更好地定义消费者，但是，电视对观众仍然缺乏选择性。由于广告主不能确信观众就是恰当的受众，于是，广告有很多浪费的覆盖面，比如，向并不符合目标市场特征的受众传递信息。

7.3.4 广播

1. 广播广告的优势

传播迅速 广播广告和报纸广告、电视广告相比，不需要复杂的编排制作与录像过程，因此，它可以将新闻与广告很快地传播出去，使接受者及时收到广告信息。

灵活性 在所有媒体中，广播截止期最短：文案可以直到播出前才交送，这样可以让广告主根据地方市场的情况、当前新闻事件甚至天气情况来做调整。

可支付性 广播可能是最便宜的媒体。广播的低成本和对目标群体很高的到达率使其成为非常好的辅助媒体。实际上，多数广播广告最恰当的地位是辅助性广告，作为其他媒体广告的辅助方式。

想象 广播让听众有一个很大的想象空间。广播通过词语、声音效果、音乐和声调来让听众想象正在发生的事情。所以，有时广播被称为思想的剧院。

收听方便 广播广告不受时间、地点的限制，可以随时收听。

2. 广播广告的劣势

易被疏忽 广播是个听觉媒体，听觉信息转瞬即逝，广告很有可能被漏掉或忘记。很多听众都把广播视为令人愉快的背景，而不去认真听它的内容。

缺乏视觉 声音的限制会阻碍创意。必须展示或观赏的产品并不适合做广播广告，制作出能令观众产生观看产品这种想法的广告非常难。专家认为，幽默、音乐和声音效果的运用是最有效的方法。

干扰 竞争性广播电台的增多和循环播放，使得广播广告受到很大的干扰；广播听众往往倾向于将自己的精力分散于各种事情上，这样，听众听到或理解广播信息的可能性就大大降低了。

媒体生命周期短 一个15秒的广播广告播出后就会荡然无存，假如受传者没有听清，也没法倒回去听。

7.3.5 互联网

1. 互联网广告的优势

发布技术成本低 不用像平面媒体报纸、杂志那样在印刷传播媒介物上花费重金。也不用像电视媒体那样制作昂贵的视频广告片。

发布速度快 互联网广告没有周期限制，发布后立刻见效。且随时可撤销、修改广告内容，减少因错误发布带来的损失。

发布效果可统计 互联网广告同其他媒体广告不同的地方在于，在互联网技术的支持下，互联网广告的发布效果可以精确地统计发布效果。每个广告链接的打开次数、点击次数、用户点击后的行为跟踪，是否下载安装，是否注册登录，是否删除等数据都可以得到统计。依据统计数据，企业可以清楚地掌握媒体发布效果和广告投入之间的关系，以便于正确调整营销策略和广告发布投入。

可直接同电子商务对接，达成销售 互联网广告的最大优势就是可以直接转化销售。随着电子商务和移动支付的日趋成熟和普及。简单的点击广告转至介绍页面和购买页面，可直接达成销售的推广方式，是其他推广渠道无法比拟的巨大优势。

2. 互联网广告的劣势

用户门槛较高　首先，用户必须有能够登录互联网的终端设备。如计算机、手机等。在早些年，这个门槛高的劣势较为明显，近年来，随着移动上网设备的推广，其影响越来越弱了。但减弱并不是完全没有，其传播媒介的限制依然存在。儿童和老人的送达率还是很低。另外，由于用户对于移动设备的管理能力的逐步提升，预装软件的广告效果正在逐步降低。用户对于不熟悉的软件，通常会选择卸载。

用户体验不好，送达率降低　互联网广告的泛滥，导致很多用户采用屏蔽浏览器弹窗、拦截广告等方式，使得广告宣传未能送达的情况频现。尤其大幅的、吵闹的广告，会使用户产生逆反心理，对企业品牌形象造成损害。

数据做假的风险　很多互联网广告是以数据量计费的，在流量导入的质量上存在很多虚假风险，大量垃圾流量和无效流量的导入对于企业来说毫无意义。所以,在拟定广告投放方案的时候,要慎重选择计费方式。

红海竞争成本升高　互联网广告由于拥有众多优势，使得很多企业选择投放互联网广告来推广自己的产品。但网络用户量是基本固定的人群，增长幅度远不及企业需求量增长的巨大。红海竞争的结果就是企业获取用户的成本越来越高。以计算较为精确的电脑游戏用户获取成本来说，一个付费用户的渠道获取成本，甚至可以高达20元/人以上。这是普通初创公司根本负担不起的。

7.4 营销策划需要与时俱进

话说，发展才是硬道理。

什么都是假的，如何用最少的资金投入，把产品卖出去，赚到钱才是真的！

谈到市场、产品、推广、销售，脑海中会接连不断地出现各种关键词：红海、炒作、营销、运营、细节、用户、互联网 +、跨界……

现在还缺讨论营销方面的书吗？还用笔者来教吗？

没错，市场上能赚钱的方法确实有很多，多到都看不过来了。但那些都是老套路，现在依然能有用的有几个？尤其是那些运作了很多个世纪都没有改变的传统行业，如何差异化、如何品牌化、如何去库存、如何盘活资产……无数个问题出现难以解决，他们都很焦虑。市场环境的变化与营销息息相关，营销一定要与时俱进，跟上时代的脚步。

7.4.1 惨痛：新问题不能再用老办法

当前，互联网炙手可热，无论是“互联网 +”还是“+ 互联网”都被当作最时尚的名词炒作。本来做互联网的，现在进军 O2O 想发展线下；本来做传统企业的现在进军线上想升级。一个想找根，一个想腾飞。但是，我们发现曾经的明星企业光彩夺目，但并没有几个真正恒久点亮这片天空。

聚美优品，2015 年的净利润为 2081.7 万美元，较上一年 6592.4 万美元足足下滑了 66.70%，这与前几年过百的净利润增速形成了鲜明的对比。从 2014 年 5 月 16 日纽交所上市首日的 28.28 美元 / 股，到 2016 年 5 月 3 日收盘的 6.28 美元 / 股，如此缩水的市值或许已让投资者麻木。

凡客诚品，以简单、谨慎的服装风格和低廉的价格积累了大量的用户，在消费者心中有着不小的地位。其独特的“凡客体”营销案例成为业内经典，纷纷被各行各业效仿。从 15 件到 3000 万件的销售量，从 15 人到 1.2 万人的团队，凡客以惊人的速度扩张，惊艳四座，风靡全国。自 2007 年创立到 2011 年，经历 7 轮融资，估值超过 30 亿美元。即便如此，一路曲折，IPO 失败后，有多少人还记得他？

唱吧，2012 年 5 月 31 日上线，五天时间登顶 App Store 榜首，十天时间获得 100 万用户。2013 年 10 月用户量破一亿人，2014 年 11 月破两亿人，2015 年 9 月用户量破三亿人。如此壮观的攀升曲线堪称互联网模式的典范。然而，现在呢？拥有三亿用户依然上不了市。

过去三五年，有特别成功的案例吗？有特别牛的上市吗？没有。

为什么？

因为天变了。过去注定成功的方法，现在出问题了。新问题不能在用老办法解决了。

7.4.2 教训：产品和玩法跟不上时代

其实，天并不是突然变的，天本来就一直在变。

时代变迁的步伐越来越快，落后的劳动生产力与人们日益增长的生活水平的不协调，自然会出现问题。

简单地说，你的产品和玩法，已经跟不上时代了。

过去，你能赚钱是因为做得早，用的关系好。

信息和技术大爆炸的年代，更新换代太快。

三个月，不学习，不改变，不更新，你就落伍了。

传统行业还在用 10 年、20 年前的玩法，现在看来都是老古董了。酒香现在也怕巷子深，有好产品依然卖不上好价钱。因为你不懂营销，不懂这个信息时代，这个互联网时代，在这个日益智能化的时代中，如果不与时俱进，那么淘汰自己的，不是用户，不是竞争对手，而是这个世界。

互联网行业的情况稍好，毕竟热度依旧，但也仅仅是五十步笑百步而已。还在用 5 年、10 年前的玩法在玩的话，最好的情况也就和上面所举的例子差不多，或许，根本比不上人家。

经验主义害死人啊！

泥足深陷，大家都不赚钱。

改变，是在找死。

不变，是在等死。

7.4.3 出路：嫁接互联网基因，构建品牌壁垒

并不是要故意给谁泼冷水。其实，笔者想说的是，真正把互联网和传统行业结合在一起的机会到来了。

很多人都习惯用传统行业代表过去，用互联网代表未来，可时代在发展，如果不继续更新迭代，都将成为过去。

现在很多公司都是在用过去的模式做将来的事情，这肯定是会出问题的。

对传统企业来讲，要嫁接你的互联网基因。不是盲目学技巧，现学现卖，赚一笔是一笔。一定要学会快速迭代升级的方式，跟上甚至超越时代的脚步。

互联网企业要学会传统行业的稳扎稳打、扎实干练的打法，传统产业对互联网模式买账，但用户逐渐开始不买账了。

要想做到可持续发展，必须多用未来的眼光看现在，学会用未来的模式做现在的事情。

思路决定出路，迅速嫁接互联网基因。

低成本快速建品牌，构建竞争壁垒。

案例分析：O2O 为什么会死？

创业者 A，原是某互联网公司高管。在互联网企业运作模式上有着丰富的经验。并且在短短的 1 年之内，就使曾经效力的公司获得几轮融资，用户规模超过 1 亿人。看到 O2O 的机会，想运用自己在互联网领域的积累，在 O2O 领域大展拳脚。

起初，投入大量资金，开发线上平台，整合线下资源。按互联网模式来看，只要在短时期内获取足够多的用户，下一轮融资就不难拿到。于是，为获取用户，推广力度逐步加大。各种优惠、返现、爆款促销活动花掉了不少钱。这些钱线下合作方是不会掏的，线下实体店，不可能为了线上平台获取用户而降低自己的收益。甚至，线上平台不给线下实体店补贴，实体店就会转向竞争对手的阵营。

这样一来，线上平台的竞争压力越来越大。为了聚合资源和获取用户不断地投入大量资金。如果效果不佳，用户数量不足，那么下一轮融资就很难说服投资人。而且，即使用户获取数量足够多。在早已拼杀成红海的 O2O 领域，各竞争对手，都有很大投入，C 端用户不在乎用哪个平台消费，只看重自身是否获益，获益多少。在移动端，很多用户都是一人安装多个平台客户端。用户乐于见到平台运营商互相竞争，各自大力促销、返现、优惠。“见风使舵”的消费成为常态。这样，每个平台所获取的用户，已经不能算是“粉丝”，只不过是个临时的用户而已。如此进行下去，各平台之间的竞争后劲明显不足。

线下实体店合作也无互信、忠诚可言。实体店在 O2O 热潮之中，同 C 端消费用户一样，也同时面临多种选择。他们不在乎平台是什么，只看重是否能给自己带来利益。为了某个平台的未来发展，牺牲自己眼前的利益，对他们来说，根本不值得去赌。

O2O之所以会失败，其原因在于O2O本身就是两个不同基因，想要高度融合难度相当大。这主要表现在以下四点。

1. 目的不同

2. 运营模式不同

3. 用户越来越不值钱

4. 难以建立互信共赢的机制

7.5 品牌：打造有灵魂的产品营销

在未来，没有不经策划和设计就能卖好的产品或品牌。

树立品牌何其难哉。

品牌需要宣传，需要让更多人知道、了解和认可。

核心关键点在于传播。

常规的打法无非两条战线：一条修内功，一条修外功。

1. 修内功：抓产品、抓品牌

虽说时代不同了，以前“酒香不怕巷子深”，已经发展到了“酒香也怕巷子深”的地步。但是，如果酒根本不香，那就别怨巷子了。

2. 修外功：抓宣传、抓营销

2016年，已经不仅仅是信息大爆炸、信息泛滥的时代，而是一个互联网过剩的时代。但市场的饼是固定的，想脱颖而出，必须增强宣传，加强营销。

还是受经验主义的影响，很多人看到别人的宣传活动做得热火朝天，自己也蠢蠢欲动，都想赶快把方法用在自己的产品上。什么事都想图个多快好省，少有创业者能够真正沉下心来，认真地想一想，到底自己的品牌宣传、产品营销应该怎么做，才能达到自己想要的效果。

7.5.1 给产品一个准确定位

要想把产品推广出去，别着急拿着产品叫卖。先想一想，你的产品定位到底是什么？

快节奏的时代，人们对于长篇大论的产品说明早已经失去耐心。用户只想快速了解到这个东西到底有什么用？

因此，必须先用简单而准确的方式告诉用户，你的产品到底是什么？有什么用？从人们的本性出发，打造极致产品，树立品牌形象。

7.5.2 有故事的产品，才是大家爱传播的

脑白金自 1997 年上市以来，已畅销中国一二十年；其脍炙人口的广告语“今年过节不收礼，收礼只收脑白金”家喻户晓；截至 2014 年，脑白金连续 16 年荣获保健品单品销量第一。

人们看到了疯狂砸广告成就的销售奇迹。从而让企业对广告外功修炼的重视程度高过了产品内功。铺天盖地的广告轰炸蔓延开来，使得广告成为了网络病毒，效果越来越差。

为什么？因为很多人抄袭脑白金的模式，只抄袭到了表面，没有抄袭到其精髓。脑白金轰炸式广告的核心是建立了以“新”“情感”“孝心”为广告诉求点的三套营销方案的集合，从而使产品营销获得巨大成功。

2009 年的“贾君鹏事件”更是标志着网络炒作和水军助推热点式的宣传模式的兴起。不过，随着越来越多的同类事件的出现，消磨光了用户的好奇心。

事实证明，虚假的，无论是故事还是宣传，终将有揭穿谎言的一天。

能真正发挥作用的，是真正从用户需求出发，满足用户真正的需求，这样才能真正抓住用户的心。即便是讲故事，也要认真地去讲一个真正有意义的故事。

7.5.3 讲产品故事最简单的方法

讲品牌故事也是有方法的，复杂的就不说了，说起来没完没了。下面介绍一个简单的方法。

1. 一个核心的细分人群

好的产品一定不是为所有人服务的。要想讲好故事，就要明白，这个故事一定不是讲给所有人听的。找准你最核心的细分人群，你的核心用户，这是最关键的一步。不然只能是对牛弹琴。

凡客之所以故事讲得好，是因为其定位了新生代文艺小青年。甭管各自表现如何，但都有一颗文艺的心。

唱吧之所以能有 3 亿用户，就是将定位指向了那些爱唱、爱显摆、追求虚荣心的人性需求。

小米也是一直压着成本和售价喊着为发烧而生，才被粉丝一直挺到现在的。

找到人群，并不是说就能开始销售了，你还需要找到与核心人群的共同语言，融入到这个群体当中去。

2. 一个寄托了梦想的故事 / 暗示

梦想和其所在人群的属性是分不开的，特定的人群拥有特定的梦想。找到了核心的细分人群，再想找到一个寄托了梦想的故事或暗示就相对容易一些了。

就像奥运会的格言“更快、更高、更强”完美概括了体育竞技运动的核心梦想一样。

品牌和产品一样需要成为核心人群实现梦想的载体。

唱吧联合湖南卫视搞电视节目，想打造出一条星光大道也正是寄托了3亿用户的梦想。

读者可能发现了，笔者又拿唱吧做例子。在本章的开头，笔者还说唱吧即使有3亿用户也没戏。那是因为，唱吧在前两条做得可以说是足够好了。但并不足够，即使看似拥有了大量的核心用户，但用户不付费，你做得再好也是白搭。

3. 一个非买不可的理由

互联网时代只要产品质量过关，配合免费甚至补贴现金的模式，获取用户的难度不高。关键的难点在于怎么盈利？用户为什么要花钱买你的产品？即使拥有逻辑上说得通的商业模式，又如何在这个互联网过剩、互联网模式过剩、免费模式过剩的竞争红海中，同强大的竞争对手厮杀呢？

你需要一个让用户非买不可的理由。

唱吧如果推道具收费，是在走社交游戏的老路，自然干不过BAT的游戏产品。如果推广线下KTV，那是在走O2O的模式。这根本干不过传统KTV，因为线下的商家不会和你分成。你若强制分成，那么对手赢。有人说那星光大道也不错啊。但能做星光大道的湖南卫视之流，根本不需要你唱吧的流量，真正需要的只是一个噱头而已。一锤子买卖能做多久？

你必须找出一个让用户非买不可的理由。对于这个概念的理解，通常有人会理解成“刚需”。认为只要是真正的需求，就一定会付费。其实不然，首套住房也被叫做刚需，然而，很多人根本买不起。正因为信刚需，才会造成美国的次贷危机。所以，笔者这里说的就是“一个让用户非买不可的理由”。这一定是一个核心用户消费得起，或者说乐于消费的刚需。

孝心是刚需，脑白金也不是贵到离谱，全国人民都知道的品牌，一次性解决儿女给父母买礼物表孝心的核心用户需求，堪称完美。

7.5.4 案例分析

细品粗粮做最好吃的中国快餐。

细品粗粮快餐成立于 2014 年，秉承“粗细搭配、健康良品”粗粮、细粮合理搭配，打造营养健康快餐之理念，致力于为用户提供健康、快捷、卫生的快餐服务。

简言之，这就是一家卖盒饭的企业。相比同类产品，细品粗粮的盒饭卖得算是不错的。2014 年全年收入大概 600 万元左右。但其创始人兼 CEO 杜飞，是个有想法的人，梦想其实还很远大，需要更多努力。为了打造自己的快餐品牌，内功外功同时修炼。

1. 修内功：抓产品、抓品牌

坚持做用户越吃越爱吃的“好吃的快餐”。推出一系列美食食谱，坚持粗粮细粮，合理搭配的健康理念。同时，钻研中餐料理秘诀，研究出一整套中餐标准化的工作标准，便于扩大生产能力。为了让用户满意，降低利润比，采取更为卫生、环保的锡箔包装。以最高标准要求整个生产过程，严把质量关。使送出的每一份盒饭，都是一份安全放心、好吃不贵的营养美食。

品牌故事抓住当今白领一族，收入较高，但工作餐质量却始终难以保障的核心痛点。打出“心疼自己，吃好一点，盒饭就选细品粗粮”的口号，立刻与用户产生共鸣，获得众多好评。

2. 修外功：抓宣传、抓营销。

2015 年 3 月 21 日快创商学院张瑶班开课，北京细品餐饮管理有限公司创始人杜飞入学并当选副班长。在班级活动中主动承担责任，服务同学，甚至对于学院的工作餐都无偿赞助。在同学和导师心中树立了良好的形象。

2015 年 5 月 31 日北京细品餐饮管理有限公司创始人杜飞加入快创聚变营，成为快创聚变营第一期学员。向多名创业导师学习企业管理、品牌运营、媒体推广、投融资等各方面的先进理念知识。并重视微信平台的运营价值，开启社群运营。如下图所示为北京电视台报道细品粗粮的节目截图。

2015 年 6 月 19 日，在快创商学院的帮助下，为北京细品餐饮管理有限公司创始人杜飞拍摄了宣传片，细品粗粮的故事登上 BTV5 财经频道《财富故事》专题节目《闯荡味道江湖》。

2015 年 7 月 1 日，细品粗粮精心策划组织了一次粉丝亲密交流酒会，为社群运营打破线上线下壁垒。

2015 年 7 月，北京细品餐饮管理有限公司在快创商学院的帮助下，获得天使投资。

2015 年 9 月 18 日，北京细品餐饮管理有限公司成功并购空港亦坤餐饮公司。拿到快餐行业最高级别认证，获得北京机场航空餐资质认证。

杜飞在短短的半年时间里，使自己的公司快速崛起，成为了一颗快餐业最闪耀的新星。在杜飞的努力和相关资源的支持下，细品粗粮 2015 年全年收入超过 1500 万元。2016 年，杜飞的目标是扩大经营，增设经营网点，开设至少 20 家分店。

7.6 选择适合的营销渠道

有了好的故事，就需要想办法讲给更多的人听。很多人认为，如何把故事讲给更多的人听，是企业最头痛的问题之一。

其实在笔者看来，头痛的根源在于三个字：你没钱！

“钱能解决的问题，都不是问题。”这句话也不知道最初是谁说的，这么惹人讨厌。因为我们创业者基本上一直都是“没有钱”的状态。

经过互联网的洗礼，所有营销渠道都变成了竞争红海。所有渠道在宣传手段上已经可以用“无所不用其极”来形容了。

对于大多数企业来说，这个时候挖空心思去想怎么把故事讲给更多的人听。完全不如直接采购渠道宣传来得实在。

就国内安卓 APP 市场来说，几个分发门户已经形成了基本的垄断地位。自己做宣传的经费完全不如投到渠道上直接获取用户的成本低。

花钱搞定一切。

低成本、快速、精准。

但对创业者来说问题就是：你没钱。

是啊，有钱谁创业啊。

不是为了泼冷水，是为了让你懂得，别和渠道对着干。要善于利用渠道。接下来就教你点儿在现在这个时期，不用太多钱，也能达到好的宣传效果的方法——利用好你现在所拥有的渠道。

那么话说回来，对于创业者来说，有哪些营销渠道可以选择呢？

以前谈渠道，会讲很多渠道概念和选择。

比如，长渠道、短渠道、直接渠道、间接渠道、单一渠道、多渠道、传统渠道、垂直渠道。现在 O2O 火了，线上渠道、线下渠道来了。SNS 和微信火了，朋友圈、社交渠道来了……

这说来可话长了，估计另外单独写一本书都有可能说不完。本章之初已经介绍了几个传统的营销渠道和营销方法。笔者在这里主要把营销渠道从以下两个方面来分类一下，读者可以根据自己的行业特性和自身特点来进行选择。

7.6.1 长度渠道

这不是官方定义或学术界的名词，是笔者个人野路子的总结归纳。

简单说就是能够把产品直接送到用户手上的整体渠道。

比如，做餐饮的创业者，食材需要最新鲜的，是否能从原产地直接获取食材供应，才是最应当重视的。

虽然标题上说的是长度渠道，但实际上，在渠道选择上，这个渠道链条其实是越短越好。直接和养殖户建立供销关系，减少中间商赚差价。是你想做的，其实也是养殖户想做的，这样你的肉、奶、蛋的成本直接可以下降很多。

因为类似餐饮市场，畜牧业、农业，在很大程度上成本和利润较为稳定，能压缩的，就只有中间环节了。互联网把所有传统行业改变的第一步就是在供销渠道上，不用再因为信息闭塞而吃投机中间商的亏了。

当然，有很多行业不像餐饮行业这么简单，又不得不购买中间商的服务。那么基本原则其实也很简单，选择较为短的渠道，才有更多利益保障。

这条原则不只是原材料渠道，自己产品的营销渠道也同样适用。

举个例子来说，还是餐饮行业。最简单直接面向消费者的是自己的店面。但店面有限，想做连锁、想快速扩大、想快速融资下一轮的餐饮业从业者都在想如何做加盟，如何把品牌推广出去。如何让更多的人知道你，知道你好，才是最需要解决的问题。

这依然可以遵循长度渠道原则，就是选择最直接的方式，尽可能地绕过中间环节。传统的方法基本上像发传单、做广告，做一些所谓的营销活动之类的方法，现在人们不太感兴趣。

靠人们的好奇心和用户的口碑传播已经满足不了快速营销的需求了。

不能找太多中间商。我们一定要建立自己的媒体渠道，或者利用一切可直达每一个潜在用户的渠道。

比如自己的粉丝群经营，比如利用饿了么、美团外卖等各个平台直达用户。这些都是十分有效的传播渠道。

7.6.2 广度渠道

推广渠道，“广”的本身就是要有广度需求。千万不要在一棵树上吊死。

所有营销方法一定要同时使用。传统的老渠道、老伙伴、几十年的老关系。这种思想在现在这个创业时代是致命的。

信息必须要够快，随时掌握最新的行业动态的同时，调整自己的营销策略。每增加一个高效的渠道来源，都会给你带来更多一线的生机。

传统互联网模式输出的经典，带给我们四个要命的词“简单、极致、口碑、快”。在互联网初期确实是金玉良言。在以前，这就是真理。只要做得够简单，让用户省心，做到极致，口碑好，速度快，就可以成功。但现在不只你一个人会开飞机，很多人都会开，甚至很多人都有火箭了。你的这点简单极致口碑快，在行业中毫无优势。

改革开放初期，会点英语就能做外贸。现在，英语六级又怎样？没在国外呆过几年，敢说自己英文流利吗？不会个两三种外语，都不太好在外贸行业混了。

一定要不断拓宽自己的广度。和竞争对手比的，其实主要是比广度。长度很容易学，但广度需要时间的积累，也是主要的竞争壁垒之一。

同样是直达客户的营销渠道，包括电话营销、直接邮购、公司网上销售等，可以同时选择，其实提升不了多少成本支出。同样是电商平台，京东、淘宝、天猫、苏宁、亚马逊，同时做没多大差别。

举个简单的例子，某服装品牌。之前，电商平台只在京东和天猫两个平台上做官方旗舰店。后来偶然一次，一个员工在亚马逊上开了店。只在有空的时候稍微上传了几幅照片，基本没花时间管理更新就获得了不少订单。

没有广度,根本谈不上选择营销渠道。有了广度,就可以有更多选择。

营销渠道有那么多学术上的种类，其实归根结底就这两类。就好比小学时的应用题，游泳池的进水管有多长？水的质量有多少保障？出水管有多宽？能否保障产品的快速排出？无论进水管还是出水管，总结一句话就是“怕长不怕粗”。拉近自身与供销两端的距离是核心要素。快创学院创业导师，比特资本的创始合伙人张瑶曾经说过一句话：以后的各个产业，是不会有太多中间环节的。这是趋势也是世界发展的最终形态。

7.7 创始人本身就是最棒的渠道

话说白手起家的创业者所拥有的渠道并不多，第一个可以利用的，就是创业者自己。

在当前创业大潮中，每个人都想成为弄潮儿。在成功之前，你需要确定好方向，向着目标努力。

这话不是白说的。首先要坚持做到以下三点。

1. 定期媒体曝光。

2. 有温度、有细节、有情调、有格局。

3. 把创业过程在朋友圈播成连续剧。

7.7.1 定期媒体曝光

定期媒体曝光可以使创业者和创业项目保持社会关注度，在与投资人洽谈投资之前就混个脸熟是最好的。企业创始人拥有良好的公众形象对于产品的推广无疑是会起到巨大作用的。

陈光标虽然不算创业，也一直在努力塑造自身的正面形象。

罗永浩要不是在微博被千夫所指，锤子手机也就只是个锤子。

雷军当年也先是以求伯君手下第一员干将的身份出现，到现在也还是个创业者。

《中国合伙人》的电影也不是白拍的。

在中国，做生意离不开人，更离不开创始人，如果不好好利用创始人本身的宣传渠道，那么就真的是暴殄天物，浪费资源了。恰恰很多创业企业在这一点上做得不好。

创始人，就是企业形象代言人。

代言人这事，不算新鲜。多年来各类代言人层出不穷，正面的负面的都有。请明星也好，请网红也罢，无非是为了吸引眼球。但吸引眼球的东西越来越多，就越来越难以达到效果。况且对于代言人的挑选也是一门学问，弄不好倒有反效果。明星、网红都有过气的时候，宣传活动也如昙花一现，只能在关键节点上略微提升一下百度搜索排名而已。更何况身价不菲，创业者根本养不起。有这代言费，还差钱宣传吗？

唯独企业创始人代言不同。专属廉价代言人。与自身产品的契合度为100%。唯一不足的就是代言人的知名度。但回过头来想一想，在自己身上投入宣传费用，比花钱给明星包装，到底哪个更划算？

案例分析：为自己代言的代表《罗辑思维》

罗辑思维是目前影响力较大的互联网知识社群，包括微信公众订阅罗辑思维从2012年底创立，半年内，由一款互联网自媒体视频产品，逐渐延伸成长为全新的互联网社群品牌，2015年估值超过13亿元，成为影响力较大的互联网知识社群，包括微信公众订阅号、知识类脱口秀视频及音频、会员体系、微商城、百度贴吧、微信群等具体互动形式，主要服务于80、90后有“爱智求真”强烈需求的群体。

《罗辑思维》的口号是“有种、有趣、有料”，倡导独立、理性的思考，推崇自由主义与互联网思维，凝聚爱智求真、积极上进、自由阳光、人格健全的年轻人，是国内微信营销的典范。

2012年底，罗振宇与独立新媒创始人申音合作打造知识型视频脱口秀《罗辑思维》。半年内，由一款互联网自媒体视频产品，逐渐延伸成长为全新的互联网社群品牌。

2015年10月完成B轮融资，估值13.2亿元人民币。

如果罗振宇不是用自己为自己代言，而是找个明星或其他不相干的网红来给自己代言，流量可能会不少，但真正有效的用户积累和转化率则不会有多高。

正是因为想通了这一点，即使自己一开始没有网红明星们人气高，但只要踏踏实实地做“有种、有趣、有料”的内容，最终价值的叠加将是自身最宝贵的财富。

7.7.2 有温度、有细节、有情调、有格局

打造企业创始人形象，和明星套路不同，简单易实现且成本不高，关键看是否用心去做。

企业创始人形象关乎整个企业的定位，整个品牌的定位，马虎不得。否则，一旦创始人形象全毁，这负面形象将会伴随一生。

试想一下，如果捞地沟油的老板转行开餐厅，会有人慕名而来吗？

但宫廷御膳房的厨子甭管是不是主厨，出来开个饭馆也比其他小店有影响力。

关于企业创始人代言，需要注重的地方笔者总结为以下四点。

有温度，亲和力是基础。消费者不会喜欢看一副臭脸的代言人。微笑服务一定是从代言人做起的。虽然“老干妈”商标上的照片没有微笑。但其老干妈的品牌本身就具备了亲和力，相信其面对用户时也是少不了笑容的。

有细节，细节决定成败，在互联网时代，任何细节都有被无限放大的可能。所以注重细节，可以趋利避害。

有情调，情调是人的内涵，也是企业、品牌的内涵体现。没有那个调调根本做不来那种事业。

有格局，一定要记住，你是创始人，不是售货员。你的代言一定要有高度，有格局。不能空喊口号，短视趋利。

7.7.3 把创业过程在朋友圈播成连续剧

其实，从创业开始的那一刻，你身边所有的熟人，你所有社交软件上的好友，都成为了你的营销渠道。把你的创业故事、创业过程，在朋友圈播成连续剧吧。没准哪一天，朋友圈里的贵人就会看到，帮你一把。

总的来讲，创始人给自己代言，性价比较高，且简单易操作。尤其适合早期的创业者。当你拥有一定的圈子，拥有一定的人脉和人力资源后，就要开始考虑构建自己的营销体系了。

案例分析：快创商学院创始人尹立志的创业连续剧。

2015 年的盛夏，炎热的北京十分熬人。快创商学院此时已经开设了 19 个创业班级，400 多名企业 CEO 入学就读。学院总部设在北京，同时还在长沙、深圳、上海开设了分院。在尹立志看来，一个公司快速成长经历的背后，是企业创始人内心成长的蜕变过程。自7月23日起，他开始记录自己内心的成长过程，和学员、导师及身边的朋友分享，期待和更多的小伙伴一起，改变自己，全力以赴实现心中的创业梦。每天一篇创业日记连载，在微信朋友圈里，尹立志把自己的创业过程、感悟、心得、播成了连续剧。篇幅有限我们只节选2015年8月的几天，看他在这个8月，都经历了些什么。

8月2日【重复一万次的力量】

今天学院文东班开学，已经是学院第19个班级了！除细节提升外，这已经是我第19次重复同样的故事，走同样的流程！带给同学们快乐、知识、价值和融入品质社交圈的喜悦！创业很复杂，但其实也可以很简单！未来只做快创商学院开班和培训，做五年、十年甚至下半辈子都做这一件事，重复一万次，结果会怎样呢？

8月3日【创业要多利用超强外脑】

今天晚上的快创CEO晚餐新增了私董会内容，两个小时的头脑风暴让参与的同学们都很有收获，纷纷要求再参加下期。快创商学院创业路上遇到很多麻烦问题，多亏身边朋友指点，最后轻松解决！其实，高手就在身边，关键看自己的空杯心态！

8月8日【改变世界，从充分自知开始】

今天在凤凰岭举办第2期快创野营，户外的环境让大家放下面具和包袱，静心长谈，找寻内心的优势和存在的问题。历经无数事件与不确定后，唯一可以依靠的是那个越来越确定的自己！改变世界的同时，应该经常去称称自己有多少斤两！

8月15日【模仿别人不如做自己】

看过很多观点与模式，听过很多演讲和思路，试图去模仿过很多人和很多事，然而，最终能在公司发挥作用的，还是我最熟悉和最喜欢的那一套。明白了：历经了无数的尝试与试错后，最终是为了找回那个真的自己！

8 月 16 日【机会往往伪装成困难】

从快创商学院公司注册那天起，麻烦和困难从来就没有断过！关键困难没解决的话，公司也就挂了！能解决过去的困难，最后都成了机会。没办法解决的一般问题，靠公司的发展来解决，很多事情随着公司的发展会迎刃而解！

8 月 17 日【情怀让人停下，价值让人留住】

最近听到越来越多同学的呼声，希望学院平台的资源流转与汇聚后，能高效快速的带给大家价值。情怀从来不是我的弱项，但价值创造却是我待修炼的技能，继续死磕自己！

8 月 18 日【创业是一场超级马拉松】

快创商学院的创业是场马拉松，重要的不是开始时的速度和被关注的程度，而是别倒下，能一直奔跑！需要我在很长的时间里，连续做出正确决策！逐渐找到自己的节奏，节省能量，专注一个目标，向前！

8 月 19 日【切忌拍脑袋决策】

回望快创商学院发展过程，很多时候的决策都是一拍脑袋就定，第二天就开干，跑了一圈下来才发现这事不行，浪费了大量的财力和物力。虽说创业公司要试错，但其实很多决策可以通过私董会的形式，邀请超强外脑优化决策。

8 月 22 日【成就别人，自己才有价值】

今晚凌晨 1 点多，湖南快创商学院同学聚会才结束，分别时还都依依不舍，同学席间的一段话最打动我：一开始是怀疑，然后是试试看，接着相信，最后铁下心来要追随学院！其背后是我们团队三天三夜奋战，聚焦同学的实际问题，让同学找到新的方向并拥有更好的平台。

8 月 23 日【守住关键节点，天塌都不慌】

今天湖南快乐投资学院首批学员毕业，第 2 期快创聚变营同学毕业活动在长沙举行。虽然历经几百次的活动组织，关键节点还有很多瑕疵，不抱怨员工的执行，是自己没能及时监控到位！千百次的外界锤炼，是为了拥有一个越来越靠谱的自己！

8 月 27 日【沟通是公司头等大事】

一个优秀一把手最重要的工作应该是：吃饭、聊天、开会！把一个有创意的想法变成现实，其中，最重要的就是沟通，在沟通中注入新的精神力量，调配资源和人手，用人性的可爱造出物性的神奇。

8 月 30 日【情怀和现实目标结合才有效】

创办快创商学院的背后有个很大的情怀做支撑，但最近越来越深刻的意识到，远大的情怀只是基础，每一步的情怀都应该和现实的目标相结合，每前进一步便获得更多能量，短中长期的目标与大小情怀相结合，一步步走向心中目标。

8 月 31 日【精细管理是创业绕不开的槛】

快创商学院是复杂的人工密集型公司，整理了近期的计划和项目后，猛然间发现我对自己和对公司的管理是一团糟，深深自责过去粗线条的管理方式。粗略算了下，至少 10% 的公司成本是被我粗放管理给浪费掉的。精细管理，先管好自己！

7.8 构建好营销体系，你不是一个人在战斗

传统的、公认的营销体系在这里就不讲了，想知道的人不缺少了解的渠道。笔者在这里讲一点当下较为好用的，且成本较为低廉的，尤其适合中小企业创业者的实用方法。

还是那句话，你没钱！没钱就别想花钱解决一切营销问题，“自己动手丰衣足食”是我们的阶段性目标。

7.8.1 嫡系部队，固本是关键

甭管是多是少，一个人也行，一定要拥有属于自己的营销团队。没有开始的那个小雪球，永远不可能有最后滚出来的大雪球。要思考以下四个问题。

1. 有专人吗？销售总监？运营总监？销售专员？

2. 打法先进吗？制度、方法、文化……

3. 有后方支援吗？懂你的顾问？智库？

4. 推广团队定期培训，升级玩法和层次。

案例分析：宣传推广费用的钱应该给谁？

笔者在一次同美通社的高管聊天的时候，谈到各行业在第三方媒体服务中的投入量问题。说白了就是哪些行业的用户比较好搞定，哪些行业的用户比较难搞定，哪些行业似乎根本不在第三方媒体宣传投入资金等。

美通社的这位高管说他有一个问题一直不太明白：中国网络游戏行业拥有上千亿的市场规模。为什么这些公司都不愿意和美通社合作宣传呢？

其实道理很简单，游戏行业和游戏公司都是怪胎。中国的网络游戏公司，都拥有很强的互联网基因。他们对于线上获取用户的方法，比任何一个媒体公司都要清楚。无论是从技术上、模式上，甚至对用户心理的把握和对人性本质的洞察，都高出媒体行业一大截。他们比媒体人更懂如何搞定用户，自然不会在媒体上投入资金。把钱给你，还不如自己来做。游戏公司本来就是在互联网上出生，自己做自己的宣传得心应手。

除了线上，游戏公司在线下也不输旁人。代表型游戏公司盛大网络从一开始便建立起庞大的线下推广团队，在短短一年的时间里就把一款“泡菜”网游推广做到极致，使盛大网络成为中国最大的游戏公司之一。

因为网络游戏公司懂得一个道理：

宣传推广费用的钱，应该给用户。不能让中间商赚差价，要做，就自己来做。

7.8.2 让用户帮你做推广

人少不怕，怕你不会用人。每个用户都是你的营销员。他们有对你、对你的产品和品牌的了解和信任，拥有对你产品的试用体验。同时，他们也拥有自己的社交圈子。口碑传播是最稳固的营销推广方式。当然，前提是要把产品做得无懈可击。简单地说，淘宝的用户留言、点赞、好评、返现金是最典型的例子。用户每一次的朋友圈转发都是最低成本的有背书的高质量宣传。作为 CEO 的你，只需要考虑以下三个问题。

1. 有爆款吗？好产品自己会说话。

2. 有势能吗？铁杆用户和促销方案是素材。

3. 有制度吗？病毒式的分销制度和 IT 系统。

案例分析：小米是在做口碑营销？还是在做饥饿营销？

小米公司从初创开始，每一款产品都被打造成爆款。不仅是有大量粉丝的用户，还有很多更值得我们思考的问题。

小米主流产品中最新最热的爆款，几乎只有抢购，限量供应。很多用户反映小米产品性价比虽好，但用户买不到，又有什么用？小米公司为什么不愿意多卖产品呢？

如果放在传统行业中，那么这种供不应求的市场行情，会让商家美得没边，恨不得马上扩大生产，满足用户需求。

但小米公司成立时间已经不短了。如果他们想扩大生产，那绝对不是问题。问题就在于，他们为什么不扩大？为什么不满足用户？小米这还没在广告上下大投入宣传呢。仅仅靠自媒体、靠粉丝口碑而已。

有人说他们是在做饥饿营销。但锤子手机创始人罗永浩说破了一个关键点：如果锤子有足够的钱，那他也可以像脑白金一样，把广告打得昏天黑地。小米的所有策略，其实都和钱有关。

降低成本，打造高性能发烧友级别的手机，“为发烧而生”这是小米给自己的定位。性价比高，就需要在各个环节降低成本支出。不必要的消耗绝对不做。大额广告费不论效果多好，这羊毛最终都是要出在羊身上。企业如果想盈利，那广告费肯定要从用户身上赚回来。这必然导致性价比降低，必然会砍掉。

不投广告还不足够，还要再降低成本支出的另一个大头，那就是库存。在传统行业中，被库存拖得最惨的就要数服装行业了。不论世界上哪个品牌，服装行业的库存已经快能满足人类几百年的消费需求了。有凡客在先，小米不可能不懂这个道理。而所谓的饥饿营销，先抢购后发货的模式，完全可以预先了解用户需求，实现“现做现卖”不留库存。小米是绝对不会希望最后有“吐血跳楼清仓大甩卖”的景象出现的。

总而言之，论管理，第一要管好钱。该花的花，不该花的，一分钱也不能花。能自己做的，自己做。不能自己做的呢？说你是创新企业创新在哪儿？投资人的钱不是给你当冤大头的。创新就要把自己的运营搞出名堂来，让钱花得更值得，创出一条崭新的路来，才能在红海中存活。

7.8.3 合作伙伴，构建竞争壁垒

当每个创业企业都拥有自己的圈子，自己的粉丝，自己的流量以后。相互之间的借力和合作就会变得更可观。尤其是同产业上下游的合作，会有更多想象空间。最重要的就是，要有一颗开放的、合作的心。

创业的你，也只需要考虑以下三个问题。

1. 有关系吗？冷启动主要靠关系。

2. 互补吗？让你成为合作伙伴的光荣。

3. 有制度吗？利益分配机制。

7.9 微信的启示，社交网络是最便宜最有效的传播渠道

微信对于现在的创业者来说一点也不陌生。很多微信能手型的创业者，甚至同时运营着多个微信公众号，更有甚者专门以此为生。

虽然，微信并不新鲜，而且热度也不如其刚刚出现的时候那么火爆。但就微信在移动端的占有率来看，依然是最便宜最有效的传播渠道。

这也就决定了微信传播渠道的性价比是无可替代的。

1. 用户都在微信上。

2. 微信是超级黑洞。

3. 微信是腾讯的，也是大家的。

4. 抓住最后一波人口红利。

以上四条，是当下最常听到的关于微信的评价。是的，确实如此。

只需五个动作，组建你的微信部队。

对于初创企业，你完全可以利用微信平台，建立属于自己的微信部队，构建好自己的营销网络，从而有同其他合作伙伴合作的本钱和基础。

首先，用好软件。

不是说会发信息会发朋友圈就叫会用微信。需要多钻研，借助各种第三方、第四方、第五、六、七、八方的工具软件及平台综合提升微信平台的宣传效率。如果不明白，那就去向同行多学习，或者看看那些高大上的微信号是怎么做的。

其次，建立微信号矩阵。

一个微信号远远不够，你的每一个员工都是你的代言人。以 N 个微信号组成一个系统的微信矩阵，这才是你微信部队的基础。

再次，每天维护微信。

微信群加了无数，好友加到 5000 个，结果你半个月都没有一条信息更新也是白费。必须保持每天对微信的维护。每个微信群、每天的朋友圈、每个公众号。之前不是提到了要把创始人的故事在朋友圈播成连续剧吗？要播就所有微信部队号码同步播放。你又不用花钱买流量。

关键，生产有趣有料的营销内容。

维护不是骚扰，连续剧不是让你天天播广告。最重要的是要生产有趣有料的营销内容。

用户关注朋友圈中的信息，能够促使其点击链接并观看内容的核心就在于“主题有趣、内容有料。”人们只会关注自己觉得有趣的事情。只会认真读有料的内容。你所要做的，就是在有趣有料的内容中，巧妙地植入自身的营销内容。润物细无声地将广告打出去，把营销做好。至于如何做到这炉火纯青的地步，就要靠你自身的领悟和历练了。

放大，加入微信传播联盟。

拥有了专属的微信部队，能够每天生产有趣有料的营销内容。你需要的是扩大受众面，扩大宣传。加入或组建微信传播联盟，以抱团创业的心态，以共同的理念，将微信营销越做越强。不需要有很多钱，没钱也可以做，需要的是你有信心、有恒心、有耐心。

7.10 思考题

1. 常见的推广方法有哪些？各有什么特点？适合什么样的产品推广？

2. 各大媒体渠道的优缺点是什么？如何趋利避害选择适合自己的推广渠道？

3. 以自己的创业项目为例，试着计算一下，组建仅有一人的微信营销部门，企业付出的成本和相应营销效果所打来的收益之比。

扫码参与线上讨论

关于快创学院

快创学院是由清华大学旗下的启迪投资、英诺天使基金，PreAngel等多家知名机构联合投资建立。在北京，已经有600多位新锐企业家入学就读，拥有100多位常任投资人导师，1000多位企业家和投资人后盾支持，80多个项目成功获得风险投资。

学院通过实战案例分析和失败复盘的形式，帮助企业创始人快速补齐创业必备知识，提升技能和格局！学院荣获北京市众创空间资质，也是中关村股权投资协会副会长单位、旗下运营三家创新型创业孵化器：和咖啡、半客咖啡、快创加速器。在北京亦庄、天津、湖南、深圳等地均已开设分院。经过6年多的积淀和实践，已经构建成覆盖全国范围的创新创业商学院生态体系。

创业灯塔

Enterpreneurship

第8章 未雨绸缪，创业中的风险控制

8.1 如何面对创业失败

8.1.1 失败是创业路上必经的风景

马云在“湖畔大学”首届学员开学典礼致辞中提到：“湖畔大学”教什么？就是教大家如何避免错误。

“湖畔大学跟MBA巨大的差异，就是我们在这儿学习别人是怎么失败的。很多比我们更聪明的人，更能干的人，一个个都死在前面，聪明的人很多，智商情商高的人很多，今天都死在沙滩上面，连尸体都没找到，为什么？他们不聪明吗？不能干吗？不勤奋吗？不，他们犯了一些错误，有意识、无意识的错误，这些错误必须找出来。”

“在战场上活着的人才是胜利者，活着出来的人才是成功者，有些死门是不能进去的。湖畔大学我们就是告诉你，有些事情是不能干的，有些事情是要抓住的。”

因此，失败是宝贵的财富，是成功之母。

雷军，小米创始人，现估值450亿美元，在成功之前，在大四曾和三位同学创立三色公司，半年之后被迫解散。雷军在后来的反思中指出：1. 做公司要有明确的盈利模式，三色公司是什么赚钱卖什么，非常不稳定；2. 要求有前瞻的市场意识，三色公司在山寨联想汉卡的时候，没想到螳螂捕蝉，黄雀在后，被另一家大公司“山寨”了，宣告失败；3. 团队股权架构要合理，三色公司四人各占25%的股权，什么事情都要反复讨论，效率极低，也会错过很多市场机会。

陈欧，聚美优品，市值24亿美元，公司创立四年便在美国上市，纽交所在上市公告中将陈欧称为“纽交所上市公司中最年轻的中国CEO”。第一次创业在南洋理工大学，自己开发了一款在线游戏平台GG，邀请了WCG冠军Moon和ESWC冠军在GG平台进行巅峰对决，赢得了平台第一批用户。后来用户不断增加，但公司资金跟不上。陈欧后来引进职业经理人打理，由于知识欠缺，个人股份不断降低，失去控制权，直至被排挤出公司。第二次创业是在国内创立了一家游戏公司，商业模式模仿美国，在社交游戏中内置广告，但到中国水土不服，很快宣告失败。陈欧自己总结两点收获：1. 公司需要合理的股权架构；2. 单纯照搬国外的商业模式在中国走不通。

甄荣辉，纳斯达克上市公司前程无忧创始人，市值为 20 亿美元，曾兼职做了一个声音传递邮件系统和生产磁性材料的公司，两次创业均失败。他总结道，创业必须全职去做，不能三心二意。

王兴，美团网创始人，估值为 70 亿美元，曾经创办校内网，后来被迫出售。他总结道，创业团队必须分工明确，CEO 必须解放出来，关注整个业界、时代、社会发展的潮流。

吴欣鸿，美图秀秀创始人，估值为 30 亿美元，曾经创办 520 社交平台，后停止运营，他总结道，自己很宅，不善交际，不知道用户的真实需求是什么，何谈做交友网站呢？

刘强东，京东创始人，市值为 403 亿美元，曾经在中关村开餐馆，被员工骗钱后关门。他总结道，对员工一定要信任，但是，信任不代表不管理。

陈一舟，千像互动创始人，后更名为人人，市值为 11 美元，曾经创办 ChinaRen 社区，后出售给搜狐。

张小龙，微信之父，估值为 640 亿美元，曾经打造 Foxmail，但却无法盈利。

周鸿祎，360 创始人，市值为 64 亿美元，曾经打造 3721，国内最早的搜索引擎之一，后来卖给雅虎，导致搜索这块 10 亿美元的市场被百度占领。周鸿祎总结道，做事情不要只盯着对手，而要盯着用户需求，并要坚持自己的事业，不要轻言放弃。

总之，大家可以看到，无论多牛的大咖，无论他现在多么风光，但是细细回顾每一位成功创始人的历史，就会发现，其实他们每个人都遭遇过失败，而且不少都不只一次，这还不包括他们在工作中遇到的种种小失败。因此，我们可以看出，在创业路上，失败是一道必经的风景，我们要坦然面对，我们要学会欣赏，我们要学会从中读到更多有益的东西。

8.1.2 创业失败的解析

研究成功不如研究失败，因为他人的成功不会教你如何做一家成功的公司，但是他人的失败研究可以帮助自己学会如何避免失败的创业。成功其实是偶然的，在很多情况下是一系列巧合的复合体，是很难复制的。创业有很多环节，创业的方向，团队的选择、产品的切入点、节奏的把握、创业的时机、与资本的关系等，任何一个环节出问题，都会导致失败，只有所有的环节都对了，才能走向成功。

有统计数字显示，中国企业活过三年的不超过 10%，即创业企业的死亡率接近 90%，也就是说创业公司的死亡是常态，每一个创业者都会遇到明天的工资从哪里来？明天公司是否就要关门？我们是否已经走进了死胡同？作为创始人始终要居安思危，未雨绸缪。

创业方向如果选错了，那就是越勤奋，死得越快。选择创业的方向，首先要知道行业的趋势，要深入了解所选择行业的痛点、真正的需求在哪里？我们每天都可以看到哪个公司又获得融资了，哪个公司的产品卖得很火，这只是表象，如果只是停留在这个层面去选择创业方向，那一定会失败。应该潜心研究其背后的规律，它到底解决了哪些痛点。这个痛点能不能挖掘出来，是创业者成功的必然条件。

有的企业选错了痛点，只是一直傍大款，依附资源生存和发展，这类企业有很大风险，一旦大企业战略发生变化，创业企业就非常尴尬，那真是“成也萧何，败也萧何！”当依附的大厦即将倒塌，那么创业就是去了立身之本，失败就成为必然。

有了方向，就要开始选择什么时候开始，选择切入的时机。一个产品做得太早或者太晚都不可以，做得太早就很有可能一直在做教育市场、教育用户的事情，很有情怀，但会成为先烈。做得太晚，那就失去了机会，成为跟随者。

发展的节奏，产品和市场的切入点，也是考验创业者的试金石，历史上有太多的企业贪多求快，什么都想做，而且把产品和功能想得非常全，但是很遗憾，产品的功能更多的是创业团队自己的臆想，产品上线的日子，就是企业走向死亡的开始。因此，创业公司一开始一定要找好自己的切入点，把握企业发展节奏。小步快跑，迭代更新，在成长中修正，在修正中成长。

厘清创业和资本的关系，永远要头脑清醒，资本是逐利的，资本更愿意锦上添花，而不愿意雪中送炭。因此，创业公司要有强烈的危机意识，可以看到有很多企业由于资金链条断裂而消亡。比如 2013 年 11 月在北京成立的骑驴驴，主营旅游产品团购和导购，2013 年 10 月在重庆成立的星悦汇，主营私人高端定制旅游服务，2013 年 7 月在浙江成立的步旅网，专注地区旅游信息和服务平台，他们都在前期大量烧钱，以低价手段做营销，以至于后期资金链断裂，甚至崩溃。因此，认清商业模式的本质，而不是一味迎合资本方，忘了初衷。

任何创业都是艰难的，每一个创业者在创业路上都会面临生死抉择，也会遇到一个个的小失败，或者大失败，认真分析每一次失败的原因，失败背后共同的东西，对失败解析得越透彻，我们就离成功越近。

8.1.3 我们可以坦然面对失败

吴晓波曾经写过一本书《大败局》，应该说书中的案例影响了很多中国的企业家和创业者，这些企业的失败背后有很多非商业的因素，社会因素很重。因此，我们在里面看到的更多是企业与社会的磨合。

但是，对于双创时代的创业者来说，社会因素少有，更多的是创业公司从0到1的试错，他们更多的是普通人创业的失败，很具体甚至很微小，笔者做创业四五年来，看到了很多创业者走向成功，但也看到了不少创业者关闭自己的公司。笔者看到的这些创业者的失败，没有包含太多的社会因素，而是更多的因为产品和服务的选择、时机的把握、团队管理问题、与投资人关系的问题、股权设计与分配的问题、竞争的问题，与合作伙伴的关系问题，诸如种种此类问题，他们倒在了黎明前的黑暗中，但还是有不少创业者面对这些问题的时候，善于总结，并迅速找到解决方案，爬过了最艰难的死亡谷。

在双创时代，每个创业者遇到的失败，都值得分析、研讨，具有研究价值和参考价值。它就像一个人的成长，从童年到少年到壮年到成熟，人的一生中要犯很多错误，尤其是小孩在学走路时要摔多少跤？当年长大以后再看他的回放时，尽管你看到了自己的摔跤，自己的受伤，自己的闯祸，你心里不再是悲伤，也不再是恐慌，而是一种坦然，一种淡然。因为这是成长的代价，创业也一样，作为创业者，我们要坦然面对失败。

8.2 创业失败的十大原因

在过去两年时间里，每天都有创业公司获得融资，也有创业项目终止、倒闭，2014年拿到A轮投资的企业高达846家。但是，再创投泡沫的繁荣下，投资与创业成了时髦的运动。然而，一时被资本烘托得高大上的项目，大多数经不起现实与时间的考验，很快就陷入了困境。在过去两年时间里，尽管每天都有创业公司获得融资，也有很多创业项目中止、倒闭。下面就总结了创业公司失败的十大原因，以帮助创业者在今后的路上避免错误，做好创业路上的风险控制。

8.2.1 没有需求

创业失败的第一大原因就是没有需求，不知道客户在哪里，不了解客户的需求，产品的功能，服务的内容更多的是创始团队自己的闭门造车，自己的主观臆想。

亿唐网的落败就是一个典型案例，因为浮夸，不愿意沉下心帮用户解决实际问题，而是幻想凭钱就可以砸一个互联网集团出来。其实没有找到客户，没有明确的需求，因此，失败就成为必然。

在21世纪初，亿唐网创始人唐海松组成了一个梦幻创业团队——由五位哈佛MBA与两位芝加哥大学的MBA组成。诱人的创业方案使亿唐从两家著名美国风险投资DFJ、SevinRosen手中拿到两期共5000万美元的融资。

亿唐网迅速在各大高校攻城略地，在全国范围快速“烧钱”：除了在北京、广州、深圳三地建立分公司外，亿唐还广招人手，并在各地进行规模浩大的宣传造势活动。2000年年底，互联网的寒冬突如其来，亿唐的钱烧光了大半，却仍然无法盈利。此后的转型也一直没有成功。

亿唐失败的最大问题就是没有找到明确的需求。这也是大部分互联网创业者公司的问题。亿唐对中国互联网可以说没有做出任何值得一提的贡献，也许唯一的贡献就是提供了一个极其失败的案例。

8.2.2 团队问题

创始人有好的背景，能够吸引优秀人才，团队成员多样化，不但各有所长，而且团队之间形成了良好的互补，这是优秀企业必备的要素。

说起来容易做起来难。根据创业服务网站ChubbyBrain曾对32家创业失败的公司进行走访，做了详细调查，在这次调查中有超过1/3的创业者认为：团队不给力是创业失败的主要原因之一。有人说：“我一直没找到合适的CTO”；有人说：“我希望我的创始人是一位懂得商业运作的人”；有人说：“我希望公司内部能够有一些制衡，而不仅凭创始人一个人的意志。”

投资者投资就是投人，创始人及创始团队的背景及合作非常重要，而因为创始团队股权结构不合理，创始团队不合造成公司经营不下去的案例，几年来也出了不少。

在线教育网站泡面吧在将获得 A 轮融资，只差签署最终协议之际，估值达 1 亿元，却因为创始团队不合一夜分家，三个核心的团队成员原来一起战斗，现在却形容陌路，几乎“反目成仇”。

8.2.3 资金问题

2013 年 10 月小龙女龚海燕创立了梯子网，专注 K2 在线教育，2014 年 6 月又创立了专注中小学“直播互动”的那好网，先后失败。她在失败后曾说过自己“二次创业过于乐观冒进，战线拉得太长，以至于几个月前就花光了公司融资”。因此，一旦创始人过于乐观，没有足够的现金流做支撑，很可能遇到问题和障碍就会因为资金链断裂而亡。以 K12 教育来说，这类项目多为提供在线授课、辅导、答疑等服务，但是，学生的时间是有限的,并且很多时候是被学校和传统教育企业“垄断”的，因此，这类平台如果体量过小很难对抗传统，一旦战线过长，现金流又不稳定就变得很危险。创业公司妥善处理资金问题，尤为重要。要在公司经营状况很好的时候去融资，在公司初创期融资，最关键是找到合适的投资人，而不是估值的高低。

8.2.4 不够专注

创业总是和创新绑在一起，多数的创业者都会有各种创新的想法，这是必需的。而且多数人之所以选择创业就是因为他们脑子里能够不断浮现颇具创造性的想法。这样的人整天谈论的也是新产品、新模式。但这是一把双刃剑，乱花渐欲迷人眼，创业者也很容易被一些华而不实的想法所迷惑。

因此，一个创业可以引发多种可能性和巨大的想象空间。这是创业的魅力所在，同时，却也是最大的绊脚石，它导致了很多创业公司最终走向失败。和某个创业导师级的投资人聊完之后，突然发现公司的产品居然还有这样的可能性，而现有的产品实在很不完美。如果仅因为一次谈话就改变产品方向或者逻辑，那转型失败的可能性极高。创业者在谈到自己项目时，会说项目可以引申 1234 等很多业务，做哪项好呢？还是先做可以承载所有业务的平台吧，但这是投资人最忌讳的，也是缺少核心竞争力产品的做法。凡客曾经的不专注，走多元化之路，也让自己现在依然举步维艰。

因此，尤其是创业公司一定要专注，从自己最擅长的地方切入，被市场验证后，才能快速复制与扩张。

8.2.5 缺乏执行力

笔者见过很多创业公司的创始人，他们有很多创新的想法，但是，真正能走到最后的不多，其中，有一个原因就是执行力缺失，想得很好，但就是做不到。

如果一个团队能够做成功，那很重要的就是执行能力和反应能力。一个很强执行力的团队在做事情，表现是：今天想到什么事情，明天就能给出结果。创业者要从最小可行性产品（MVP）做起，强执行力的团队很快会找到方法，也就很容易在竞争中获得领先优势。

一个创业团队，如果发现市场需求，发现客户的痛点，那么最快的就是要看怎么样能够快速地获取用户？执行力强的团队会很快找到，如何用性价比最高的方式找到目标用户，是创业公司竞争力强的表现。小红书就是在海淘市场上找到用最低成本客户方法的团队，所以，它估值为 10 亿美元。而当初做海淘的很多团队都死掉了。

执行和反应能力最强的团队，往往能找到最佳方法。俗话说：快一步，步步快。也就是说他最快找到解决方案，最快融资，估值也会增长最快，而在移动互联网时代，更多领域就是赢家通吃，一将成名万骨枯。

比如，滴滴打车最早是想做停车软件的，但是，他们最后不做了，这个就是他们精明卓越之处。我们经常说创业者要有狼性，要很执著，但不能在错误的方向上固执。而滴滴的程唯能够在最后改方向，他觉得方向不对，就改了。在今天看来，停车市场并没有估值上升很快的项目。他做打车，一路过关斩将，打掉了几乎所有同时期或者略早期做打车软件的竞争对手，形成了自己的市场垄断地位。

还有一个例子是回家吃饭，回家吃饭最早也不是做回家吃饭的，他做运动场馆预定，但后来发现运行不畅，投资人也建议说要考虑换个方向，前期他们团队反应也很快，团队认真讨论后决定放弃，就开始进入“厨房共享”领域，这之后公司业务突飞猛进，在一年内获得百万用户、完成四轮融资，并以每月增长 100% 的速度高速发展。这些成功例子证明执行力强是非常重要的，是成功的保证，反之执行力弱的话，失败就成为必然。

8.2.6 缺乏激情与专业

无论你认为你的想法有多棒，创意有多好，如果你缺乏必要的专业背景，那你最好还是谨慎行事。作为投资人，巴菲特只是投自己熟悉的行业，创业者最好也要选择自己熟悉的行业。如果就是觉得这件事很有机会，那也必须有运气找到该领域的专业人士作为联合创始人以补足。最担心的是整个团队都是半瓶水。更可怕的是，当事情做到一半的时候，你瞬间发现整个团队都是朝着这个想法的商业愿景出发，原始热情早已泯灭。

笔者前期看到一个项目，做生鲜产品的供应平台，细查整个团队，履历不错，但都是在化妆品行业的经历，核心高管没有一人在生鲜行业干过，这就让人觉得很不靠谱。

一家新闻服务提供商的创业公司创始人这样总结失败经验：老实说，我们确实不懂新闻行业。最初产生这个想法，是因为我想为我的博客设计一个完美的评论系统，让阅读评论也能如同阅读文章本身那样精彩。按照这样的思路，公司诞生了，不过，结果却令人大失所望。事实上，对新闻行业本身所知不多的我们得到这个结果也是必然，因为我自己连一个热心读者都不是，满脑子想得更多的还是这个想法所能产生的商业价值。很遗憾那是创始人的想法，不是市场的需求，因为不专业。

8.2.7 在竞争中出局

有些创业者在向投资人展示商业计划书的时候，往往会说我这项全新的业务，没有竞争对手。而事实上，往往是创始人没有认真去做市场调查，或者不知道有什么有效的方法去做竞争格局的市场调查，因此，完全忽略掉了竞争对手。

但其实在某项业务市场转热，商业模式已得到市场验证的情况下，一定会有大批新手加入竞争。一项调查表明，10% 的创业者就吃了完全忽视竞争的亏。其中一位就是理财服务网站的创始人马克，他这样总结他的失败经验：不依赖单家公司的理财产品、注重保护用户个人隐私、帮助用户实现更好的理财方式，所有这些竞争对手做到了，我们也做到了。差就差在我们的用户门槛过高，需要用户做的事情太多。其实，这一表层可用性的优化是不难做到的，错就错在我们没能及时关注竞争对手，并做出变化，因而结果出现了质的差别：我们出局了，他们还在顺利发展。

因此，要了解你的竞争对手，要有应对方法，这样知己知彼，才能百战百胜。

8.2.8 时机不对

产品发布过早，可能面临各项准备不充分的尴尬，也容易给用户留下不好的第一印象。但如果发布过晚，那又很容易错过时机。因此，如何权衡是需要一定的智慧。而现实中有很多创业者没能把这件事妥善处理好。

但是，产品到底是提早还是推后一些发布，这还是有规律可循的。首先，它依你的产品类别而定。比如有关电商、理财方面的网站，它对产品完善程度要求较高，宁可晚一些也不可早一些。而像推特、微信这样的社交网站，提早发布可能会出现纰漏，但影响远没有前者来的坏。

一句经典判断：如果没有因为你的 1.0 版本发布感到羞愧，只能说明你发布得太晚。

创业公司进入行业的时机非常重要，早了就是先烈，晚了就是跟随者、旁观者，只有恰到时候，才能称为先驱、引领者、成功者。

8.2.9 不能全心投入

一些大公司高管因为工作稳定，待遇很好，在创业的浪潮中，也想一试身手。但是，又想保留现有的工作，保证一份稳定的收入来源，用业余时间进行创业。这样的创业往往会走向失败。

一家创业公司这样总结他的失败经验：我们原以为可以利用业余时间来开发运营网站。当然，如果服务器一次都不出问题，那会很顺利。但当我们的服务器出现问题时，我们没有全职员工，服务器挂掉都是在我们的上班时间，问题总是不能及时解决，挂掉了好几次。你可以想象我们的客户体验会是什么样，严重影响了我们品牌的美誉度。更糟糕的是，由于一直疲于应付问题，以致新产品开发几乎停滞。

另外，全员兼职会让大家不能全身心投入，每个人都有后路，缺乏危机感、归属感，因此，动力不足，激情不足，效率也变得很低，不少公司就把缺乏全职员工归结为创业失败的最重要因素。

8.2.10 没有核心竞争力

很多创业公司在创业的时候，只是想到要解决某个痛点问题，觉得我能够解决它，但是，投资人最喜欢问的一个问题是：凭什么你能做得最好？公司可以建立什么门槛？当今的中国其实最不缺乏的就是点子，作为一个创业公司必须要建立自己的核心竞争力，这个核心竞争力应该是一系列独占/稀缺性资源与系统性能力的组合体，而且针对不同的竞争对手，这个组合会发生变化。独占的资源包括牌照、专利、知识产权、战略不动产、可垄断的生产要素、（信任）关系或者重要的渠道等。系统能力是指需要时间和经验去积累和完善的、具备独特性、不是靠烧钱瞬间获得的能力，包括标准化体系（生产流程、管理运营体系）、IT系统、品质控制能力、技术、工艺、品牌、文化、信用等。只有具备核心竞争力才能建立独有的门槛，才能在竞争中战胜对手。创业公司在确定提供的产品和服务的时候，一定要与自身的核心资源/核心竞争力所匹配，才能确保公司可以持续增长，并且在激烈的竞争中获胜。

8.3 案例分析

8.3.1 一家服装电商企业的失败

1. 案例实情描述

根据常年关注教育产业的麦可思研究院发布的《中国大学生就业报告》，2010年本科生中仅有0.9%选择了创业；到了2014年，这个数字达到了2.9%。而根据智联招聘发布的《2015年应届毕业生就业力调研报告》，参与调查的2015届毕业生中选择自主创业的比例高达6.3%。看得出来大学生投身创业的热情越来越高，参与人数也越来越多。

然而，创业虽多，但成功的例子却不多。根据《中国大学生就业报告》数据显示，毕业半年后自主创业的应届本科毕业生，三年后有超过半数的人退出创业，甚至有数据指出，即使在浙江等创业环境较好的省份，大学生创业成功率也只有 5%左右。这个残酷的事实值得思索。

双创时代，从上到下都是鼓励创业，但我们还是倡导大学生要理性创业。下面举一个服装电商的案例，希望对即将投身创业的大学生有一些借鉴。

主人公叫小 A，下面是小 A 的自述。

我在南方一所二本学校读书，因为家境不是太好，大学期间的日常费用不好意思总向家里要。因此，开始利用自己所长在大学校园做点小买卖，帮人买个东西，送个东西，给别人带点东西。通过我的勤奋，我开始积累第一笔资金。

由于经常跑业务，在外面接触了不少商人，有一个上海的做贸易的张老板有几笔业务让我来做，我很认真地对待，后来都做得不错，张总也挺满意的。也算有点儿熟悉了，就保持了关系。

其实，大学打工，主要是为了补贴家用，并没有决定出来创业。因此，我毕业之后就去了一家电子商务公司做销售。做了一年多，觉得没什么奔头，就想自己干。但自己从来也没干过，因此也没有方向感。

有一天，我突然接到张总的电话，问我是否对做电商感兴趣，我说现在就在做。张总说，自己打算开一家电商公司，觉得我对互联网这一块儿比较熟悉，想请我做 CEO，问我是否感兴趣。

我那时候其实根本就没有在电商领域实战过，但我自视甚高，因为我每天都在网上看大量科技博客的文章，其实这跟做还是有很大的区别。但还是信心满满的给张总写了一份商业计划书，洋洋洒洒也有 30 多页，改了好几遍，就发给了张总。没想到过了几天，张总给我打电话，要我去上海看看，然后再具体商量一下。

当时我倒是挺吃惊的，毕竟手头还有一份稳定的工作，尽管吸引力不大，但还不想轻易辞去。不过，我也想去看看，试一试。

到了上海见到张总，他给我介绍了情况，原来他有一个朋友在江苏开了一个服装厂，但是销量不是太好，积压了好多货物。张总看到现在电商很火，就有意把他盘下来，期望用电商的方式把它销出去。但是，张总本人不太懂电商，因此，期望找一个懂互联网的年轻人来运营。经过多次接触，张总认为我是年轻人中最懂互联网的，因此，他想把这个项目交给我来做。

张总开出的条件还是很优厚的：在上海提供住房，固定月薪为 1.5 万元，同时，还有新成立公司 10% 的股份，并且每年都有约定价格购买公司 5% 的股份。同时,还预留一部分股份给未来的团队。当时我没多想，觉得条件不错就答应了，甩开膀子开始干。

我跟张总约定：公司由我负责运营，张总不干涉，同时，答应陆续投入 225 万元用于公司运营。公司终于在当地注册了，当我拿到营业执照那一刻，我甚至想到了有一天在资本市场上敲钟。

公司开张了，问题一个个的来了，首先是公司选址，张总很尊重我的意见，很快在市区选了一个地方，张总价格都没问就确定了。我是穷人家的孩子，节省已经成为习惯，因此，公司的电脑及家具买的都是二手的。

那时候公司就我一人，没钱就找张总要，也没想着规划记录一下费用开支情况。接下来我又招了五个人，都是大学毕业生，没什么经验，但我很有信心，觉得自己可以教他们，其中，还有我的一个大学同学，也是期望关键时刻有人商量。

张总也如期打来工资及运营费用 25 万元。并明确表示剩下的 200 万元会很快打过来。我们几个年轻人干劲十足，信心满满。但是，当时我们没有一点经验，以为搭上网站，找来流量，做好体验，这衣服就可以卖出去了。

接下来我们要解决几个问题。

首先是卖什么产品的问题，张总盘过来的公司积压了一大堆服装，就成为了我们要卖的产品，因此，我们直接进入服装电商。但是，这已经违背了要从市场的需求出发，从客户的需求出发的原则。

接下来就是怎么卖，我同学说上淘宝先开个店吧。我说没事，有张总在后面，咱怕什么，一步到位，咱们做自己的商城。然后，我带着我的同学去浙江的服装厂看货源，第一次当老板，感觉挺爽。

其实当时也不懂，也是瞎看，被当地的老板一忽悠，脑子一热，回来后跟张总信誓旦旦地说：一年内要做到 225 万元的销售额，把全部投资赚回来，张总很高兴。

接下来就是技术开发做网站，我也不懂技术，因此，网站开发完全靠技术，技术也不懂，所以就是抄袭，找了一个电商模板，用了一个多月的时间总算把网站开发出来了。在网站开发期间，其他人没有什么事情，每天也就是喝喝水，看看报纸。都有点儿像以前的国企了。

网站上线了，张总说网站首页的颜色应该是黑色，这样显得大气。但是我不同意，我觉得应该是红色，能刺激别人购买，在这个问题上我一点儿都不让步，张总后来也就同意了。

有了这次冲突，我有一段时间没再跟张总沟通。网站上线后，我开始宣传推广，每天的工作就是写软文，让小伙伴到处去发、传播，到各种论坛、QQ 群、微信群等。当时也想过去百度买关键字，一问费用太贵,不是小公司可以承担的。做了很多宣传推广之后,但是不见什么效果，网站没有什么人访问，衣服更是一件也没卖出去。

这时候，我就有点儿慌了，张总承诺的款项也没有打过来。公司的六个人还在等着发工资。我于是想，不管黑猫白猫，抓住耗子就是好猫。利用我原来线下销售的经验，开始带着其他人进行线下销售，很快有了起色。衣服卖出一些，也有了收入。

但是，这样的销售不是张总要的，因为他觉得公司成立的初衷就是要做电商，而不是传统的线下销售，如果不做电商公司，那就没有存在的必要了。这次冲突之后，张总派了一个财务过来，以后超过 6000 元的支出都需要财务签字，而且给我制定了销售任务，要求必须完成。

我重新把工作重心放在网上，开始想各种办法，但是似乎都不见效。那段时间很辛苦，很迷茫，也很焦虑，那是我创业以来最痛苦的一段时光。

我想着去找电商行业的老人交流一下，仔细一想，也没有什么朋友，因为我从来就没有进入过电商圈。我也想去入住天猫和京东商城，但是，人家要正品而且有品牌，我们那些衣服根本就没有品牌。总之几番折腾，公司最终开不下去了，我也就跟张总解聘了。这次创业算是宣告失败。

我自己总结失败的原因如下。

（1）盲目自信，并没有系统专业的知识，也没有实践经验，就大胆承诺，盲目往前冲。因为在大学做点小买卖感觉不错，看了不少文章自以为就懂电商了，其实，就是典型的纸上谈兵。

（2）不擅长与投资人沟通。在运营过程中，没有很好地听取张总的意见，又盲目跟张总许下不切实际的诺言，没有得到有效的指点与支持，因此很快失败。

（3）团队成员不靠谱。创始团队成员搭配很重要，但是，我的团队都是一张白纸，大家进入电商就像盲人摸象，都是一知半解，因此失败也就理所当然。

2. 点评

本案例对于双创时代大量的创业项目来说，其失败很具有普遍意义。

首先，凭着一个老产品进入一个旧市场，如果还没什么经验，那就基本上没有竞争力。这个项目从一开始就没有什么成功的基因，其实没有经验并不可怕，可以在新的市场里去闯荡，因为大家都没有经验，有经验的人更愿意在其原有的领域里运营，因此也不会和你竞争。这样试错的成本也低，成功的可能性更大。

其次，我们不主张大学生盲目创业，要理性创业，比如文中所提，小 A 想进入服装电商，最好的方法是先进入一家服装电商企业打工或者实习一段时间，了解这个服装电商的上下游产业链，基本的业务流程，关键的业务环节，重要的业务指标，先对成功的电商企业有个概念，然后再去创业不迟。

再次，项目中小 A 创业的路径不理性。创业初期更应该小步快跑，迭代更新，要小范围试错，等到市场验证后再大规模扩张。他没有选择风险相对可控的平台网店策略，而是一开始就选择开商城。在一无流量基础、又无品牌影响并缺乏核心技术的情况下，开设 B2C 商城，这样的结果就是烧钱。事实是即使传统有实力的大企业开设商城也不容易成功，因此，小 A 开始如果从开网店起步，可能结果就不太一样了。

最后，从理论上来说，这是一个典型的以产品开发为导向，而不是以客户开发为导向，最终走向失败的案例。投资人决定做电商，只是一个很粗浅的假想，是否能行，还需要很多环节，需要得到市场验证。因此，公司的成功一定要以客户开发为中心，找到自己的客户，了解自己的客户需求，生产和销售的产品一定要满足客户的需求，解决客户的痛点问题，才会有效。

8.3.2 一个 90 后创业者的失败

这个案例的主人公是一位 90 后，有想法，不甘平凡，自己想做一番事业，把买房的钱拿来创业，勇气可嘉，但是方法欠妥当。他从房产中介开始，搭建了本地房产信息发布平台，本地房产团购平台和本地团购平台，贪大求快，最终失败了。

1. 案例实情描述

以下是主人公的自述。

2013年我把准备买房的10万元钱拿来创业，我生活的地方是一个四线小城市，第一步我打算从本地房产中介开始，立足本地，将整个房产中介的管理、交流流程梳理，并成功实施。

第二步，建立本地的网上房产信息发布平台，建立一家线上线下结合的O2O房产信息发布平台。

第三步，建立一手房产团购平台，与开发商合作，把一手房放到网上去卖。

第四步，建立房产中介连锁加盟，最终组建涵盖一手房、二手房、线下实体店，线上信息发布的房产中介模式。

这是我设计的宏伟蓝图。

2013年年初，我招了四名员工，把店面装修完之后，开始行动，当时对业务员是底薪加提成模式，在一般情况下，员工卖每套房子大概提成是2000多元。

开始两个月，一直在跟进单子，但是就是不能成单。到后来，我请来了一位房产中介的大牛，他确实对我帮助挺大的，来了之后，使我们整个团队的士气、工作效率，有了很大的提高，也教给我们很多有用的技巧和方法。终于，在开业第三个月后陆续有单子成交，而且公司也开始盈利。

这时，我也开始介入一手房了。因为，之前我看了很多相关书籍，也经常去现场了解房产价格走势，因此，把整个流程都摸清楚了。后来，我们接了一个乡镇开发商开发的无产权楼盘代理，因为没有那么多资金，所以就找了一家销售代理，每单都抽成，如果顺利将楼盘卖出，我大概可以赚将近9万元。但是很可惜，整个楼盘操作很有问题，因为小产权房无法办理按揭贷款，因此代理商不但没赚钱，反而亏损了 20 多万元。

2013 年我还是很有信心的，因为我看到了中介是可以赚钱的。但是很不幸，我因为还是想急于赚钱，觉得中介赚钱太慢，于是开启了房产团购。

我挑灯夜战，反复修改，完成了几百页的房产团购企划书，开始建立网站，因为手头没多少钱，因此，网站的推广遇到了困难，于是，我想着去和开发商合作。但我一无背景，二无资源，费了很多劲也没有找到合适的开发商合作。而这个时候，我的那帮房产中介的员工们军心不稳，开始动摇了，要想办法稳住他们。这边还在想找突破口。于是，我把仅有的一点钱在本地传媒和本地最大的网站的首页开始打广告，很遗憾效果也不好。

东方不亮西边亮，我在想我做个本地团购网站，这样可以把房产团购网站和房产中介网站给带动起来。

我的网站开发上线用了一个月，我们团队六个人用了一个多月时间招商，共有 200 多家商户上了我们的网站，第一个月的营收超过 1 万元了，可是，我当期的广告支出就已经超过两万元了，加上我的人员工资，我是亏损的。

屋漏偏逢连夜雨，祸不单行，如果只有我一家在做，那也许会慢慢盈亏平衡，但是，竞争对手冒出来了，因为他原来的网站大家都很熟悉，尽管我们双方的技术不相上下，但是，老百姓更认他的网站。这样竞争起来，我们就落败了。而且由于销售额大幅下降，无论是技术维护，还是网上支付等都处处受限，体验越来越不好。后来，我只好把人都辞了，这件事情也就宣告失败了。

2. 点评

创业公司服务的对象是小城市里买房的年轻人，这个市场很有它的特点。根据调查表明，在小城市里拥有手机和计算机的家庭越来越多，他们上网的主要目的是玩游戏、看视频、聊天、阅读，还没有习惯把互联网作为工具使用。本地门户网站存在的意义在于社交和猎奇，做团购网站有点儿勉为其难。因此是市场选择错误。

通过该案例可以看出，创业一定要先做市场调查，要了解市场，了解客户，才能选择合适的项目，而不要仅仅只是创始人头脑的臆想，就把它作为市场的需求，那都是伪需求，只有经过市场验证的需求才是真正的客户需求。而导致创业失败最重要的一个因素就是根据市场的伪需求开发产品和服务，那必然是失败的。

另外，创业公司的成长有很多不确定性，因此，需要从 MVP 产品开始，首先要活下来，要突破死亡谷。而不要贪大求全，全面出击，要选择合适的切入点，只有经过市场验证的事情，才开始全面推广，否则还是要不断试错。

刚毕业的大学生创业会遇到很多困难，比如，缺乏判断力，会很容易被社会的热潮所裹挟，只是被动地跟着热潮走。其次，缺乏资源整合能力，缺乏调整和转型的能力。最担心的是大学生如果第一次创业失败会打击他对未来创业的信心。因此，我们主张大学生在决定创业之前，还是要做好各项准备。未雨绸缪，方能百战不殆。

8.3.3 一家曾经估值 10 亿元的创业公司的沉没

微微拼车是 2015 年红极一时的创业明星，创始人王永也是明星人物，是楚星设计、品牌中国企业的创始人，同时他热衷公益，一直关注并推动着公益顺风事业的发展，创办了一家与滴答拼车、51 用车、天天用车齐名的明星企业，估值曾经到 10 亿元，但最终还是在资本寒冬中倒下了。

1. 案例详情

2014 年 4 月，王永筹备成立了北京微卡科技有限公司，10 月微微拼车正式上线。王永是传统企业家，过去的品牌中国搞得风声火起，他也一直在闷头赚钱。他非常善于品牌策划、传播推广，这些年也积累了大量的企业家资源，也在全国各地都有丰富的合作资源。

2014 年 10 月，王永的团队不超过 30 人，公司账户资金也不到 400 万元，但是，凭借王永的人脉及资源，王永的拼车迅速在全国各地开展起来，快速地开辟了全国市场。而这时也是喜事连连，不到两个月，在 12 月，一家叫中新圆梦的机构对微微拼车投资 400 万元，估值 8000 万元，称为首笔投资，很快不到 1 个月，在 2015 年 1 月，又拿到了茂信合利的 750 万元投资，估值 1.5 亿元，不到 1 个月，估值涨了 1 倍，快速的估值膨胀，使得王永的内心也开始膨胀，胆子大了起来，业务迅速覆盖 180 多个城市，注册用户数超过百万人，日均订单在 3 万单左右，员工不断上涨，最高到 300 人。公司也上了新闻联播，王永主演的电影《顺风车》也启动预热，中信资本、盛大资本在内的各大投资机构纷纷抛出橄榄枝,最高中信资本喊出估值 10 亿元的价格。王永开始谋划上市，谋划全球化，谋划一个更大规模的私家车共享经济平台。

但是，正在中信资本尽职调查结束后，准备开投委会决策时，滴滴与快的宣布合并，并推出了“滴滴顺风车”拼车产品。这给其他拼车公司致命一击。“爱拼车”不久就宣布停止运营。

当时微微拼车每天要烧 100 万元，后来，盛大资本愿意出 1 亿元获得 25% 的股份，它领投其他两个机构跟投，估值 4 亿元。与盛大资本谈判周期长，王永为了数据好看，先后从个人积蓄中拿了 2000 多万元，投入公司。但是，人算不如天算，2015 年 6 月股市暴跌，盛大资本在投委会上决定不投资，而此时再也没有其他投资人愿意接盘了，无论估值多低。

于是王永在三个月内,从 300 人裁员到 30 人。微微拼车也宣告失败。

2. 点评

战略管理失误，判断决策失误。

（1）融资方面过于乐观，不到1年时间10年估值大幅上涨，导致心理膨胀，而没有抓住时机，尽快拿到融资，先生存下来。

（2）高管团队简历都很牛，不少都是在华为、金山、摩托罗拉、百度等大型公司供职过，但是，对互联网产品的开发及运营不胜了解，而且没有带百人团队经验，以至于微微拼车产品体验很差，甚至每天宕机三四次。

（3）资金管理也出了问题，有段时间，每天补贴100万元，甚至有时到150万元。但是，30%被刷单了，而公司的推广费用也花了很多冤枉钱，公司的财务内控出了很严重的问题。有的地方花了几十万元推广费用，员工甚至说没有见过这些钱。

（4）高管工资很高，每个月3万多元，每月买水果和酸奶的开销就有好几万元，当王永发现问题时，公司账上已经没钱了。

（5）王永当时判断滴滴不会做拼车业务，没想到滴滴与快的合并后，很快拿出10亿元进军拼车市场。

（6）这个案例反映了前文中的创业几个死法，一是资金链断裂，而是被竞争者淘汰出局；二是团队问题，高管团队尽管履历辉煌，但是，在公司产品的开发及运营方面缺乏实战经验，离地三公分。也就是执行力方面出了问题。

（7）作为创始人，王永很努力，也很有激情，甚至自掏腰包2000多万元投入公司，期望挽救公司，但是，基于上述原因，又碰到竞争对手的强劲与资本市场二级市场的暴跌，导致一蹶不振。

以上三个案例包括两个年轻人，其中一个大学生创业，还有一个成年人，过去也获得过成功。尽管他们年龄不同、背景不同，所做的事情也不一样，但是，他们都失败了，总结他们失败的教训，还有一些相同的地方。

1. 创始人对自我及市场现状判断不准确，往往高估自身的能力与实力，同时，对市场的竞争格局判断不清楚，容易忽略竞争对手，导致错失良机。

2. 三家公司都因为现金流出了问题，最后导致公司无法正常经营。创业公司的现金流是非常重要的问题，现金流的来源可以是公司的主营业务，也可以来自投资人的钱，也可以是创始者自己的钱，但是，作为创始者一定要规划好，要有最坏的准备，要未雨绸缪，而不要临时抱佛脚，那样的结果一定是资金链断裂，以失败告终。

8.4 思考题

1. 你身边有创业失败的案例吗？他们失败的原因是什么？

2. 如果让你来排序，那么你觉得创业失败最重要的三大原因是什么？

3. 文中三个失败案例是否有共同点？请具体说明。

4. 通过上述案例分析，你得到了什么启示？

扫码参与线上讨论

创业
灯塔

Enterpreneurship

第9章 梦无止境：从融资到上市

当前创业热潮，很多创业者都有同一个梦想——从融资到上市。

之所以众多创业梦想变得如此趋同，简单说就是因为这是实现梦想的捷径。

创业者通往成功的梦想是可以被加速的，不一定非要经营一家百年老店，之后再被人供在祖师爷牌位上才算成功。完全可以用梦想来打动别人，用别人的钱来帮助自己快速实现梦想。

想走这条捷径，其实也并不简单。要经历几个阶段的历练。起码你要搞清楚以下几个问题。

1. 什么是融资？

2. 融资的方式有哪些？

3. 如何融资？投资机构和投资人是如何把钱给你的？

4. 如何更有效地搞定投资机构和投资人，融到资？

在通往梦想的道路上，需要我们学习知识、搞清原理、掌握诀窍、学以致用。下面我们就从这几个方面，为大家解析。

9.1 融资的概念

很多人都知道融资从字面上看，就是拿到钱。《新帕尔格雷夫经济学大辞典》对融资的解释是：融资是指为支付超过现金的购货款而采取的货币交易手段，或为取得资产而集资所采取的货币手段。

其实，在商业社会中，拿到钱的方式，远远超出传统的认知领域。尤其在传统行业做久了的人，在没有学习过相关财务、金融知识的情况下，对于融资的概念理解不深，对于融资的方式更是十分局限。在通常情况下，融资有以下几种方式。

9.1.1 常用融资方式

1. 融资租赁

中小企业融资租赁是指出租方根据承租方对供货商、租赁物的选择，向供货商购买租赁物，提供给承租方使用，承租方在契约或者合同规定的期限内分期支付租金的融资方式。

想要获得中小企业融资租赁，企业本身的项目条件非常重要，因为融资租赁侧重于考察项目未来的现金流量，因此，中小企业融资租赁的成功，主要关心租赁项目自身的效益，而不是企业的综合效益。除此之外，企业的信用也很重要，和银行放贷一样，良好的信用是下一次借贷的基础。

2. 银行承兑汇票

中小企业融资双方为了达成交易，可向银行申请签发银行承兑汇票，银行经审核同意后，正式受理银行承兑契约，承兑银行要在承兑汇票上签上表明承兑的字样或签章。这样，经银行承兑的汇票就称为银行承兑汇票，银行承兑汇票具体来说是银行替买方担保，卖方不必担心收不到货款，因为到期买方的担保银行一定会支付货款。

银行承兑汇票中小企业融资的好处在于企业可以实现短、频、快，可以降低企业财务费用。

3. 不动产抵押

不动产抵押中小企业融资是市场上运用最多的中小企业融资方式。在进行不动产抵押中小企业融资上，企业一定要关注中国关于不动产抵押的法律规定，如《担保法》《城市房地产管理法》等，避免上当受骗。

4. 股权转让

股权转让中小企业融资是指中小企业通过转让公司部分股权而获得

资金，从而满足企业的资金需求。中小企业进行股权出让中小企业融资，实际上是想引入新的合作者，吸引直接投资的过程。因此，股权出让对对象的选择必须十分慎重而周密，否则搞不好，企业会失去控制权而处于被动局面，建议创业者在进行股权转让之前，先咨询公司法专业人士，并谨慎行事。

5. 提供担保

提供担保中小企业融资的优势主要在于可以把握市场先机，减少企业资金占压，改善现金流量。这种贸易中小企业融资适用于已在银行开立信用证，进口货物已到港口，但单据未到，急于办理提货的中小企业。进行提货担保中小企业融资企业一定要注意，一旦办理了担保提货手续，无论收到的单据有无不符点，企业均不能提出拒付和拒绝承兑。

6. 国际市场开拓资金

这部分资金主要来源于中央外贸发展基金。中小企业如果想通过这个渠道来融资，那么要注意，市场开拓资金主要支持的内容是：境外展览会、质量管理体系、环境管理体系、软件出口企业和各类产品认证、国际市场宣传推介、开拓新兴市场、培训与研讨会、境外投标等，对面向拉美、非洲、中东、东欧和东南亚等新兴国际市场的拓展活动，优先支持。

7. 互联网金融平台

相比其他的投资方式，爱投资互联网金融平台对申请融资的企业进行资质审核、实地考察，筛选出具有投资价值的优质项目在投融界等投融资信息对接平台网站上向投资者公开；并提供在线投资的交易平台，实时为投资者生成具有法律效力的借贷合同；监督企业的项目经营，管理风险保障金，确保投资者资金安全。爱投资创造的融资方式是让专业的机构做专业的事。一方面利用互联网公开的优势、开放性的优势，同时，结合传统的金融机构在风险控制、信贷审核等方面的专业度。爱投资作为一个投融资平台，处在中间的结合地位，两边是投资者和有融资需求的需求方，但是，又和第三方的担保机构进行密切合作。具有多年的专业的风控能力，并且都是亿元级以上的资金，对用户的投资进行专业性的担保。同时还和信用评级机构、资产管理机构等合作，为用户的投资信息提供全方位的解读，以及对资产处置提供后续保障。

9.1.2 小结

融资的方式很多，简单地划分可以分为债权和股权两种。本章内容主要以创业企业最常接触到的股权融资来做重点说明。按照创业企业的发展过程划分主要分为：种子期，天使轮，A 轮，B 轮……上市。这里提到的融资轮次，并不是一成不变的。根据企业运营状况的不同，可能会出现 PreA 轮。或是没有种子期直接是天使轮。还有可能 A 轮、B 轮之后会融 C 轮、D 轮、E 轮、F 轮等。

接下来，我们就以创业者最常接触的天使轮融资为主，详细地解析天使投资的运作方式，以及如何可以更快地拿到投资。

9.2 天使投资人怎样把钱给你

大家最想了解的问题一定是：天使投资人怎么样才会把钱给我呢？天使投资人从接触项目到投资打款，大概分为以下七个步骤。

1. 接触项目

首先，要让天使投资人接触到你，了解你。可能是通过路演，可能是通过朋友介绍。

2. 判断分析

接触后的第二个步骤是马上判断和分析，这是要决定：这个项目我不需要再关注了，还是需要马上跟进，还是看一看再说。

3. 找朋友打听

天使投资人因为没有太深厚的行业属性，有一些偏好，但对行业不见得都十分了解。看完项目，他真的感兴趣的话，大部分的天使投资人会去打听一下，印证一下。

4. 和创业者深聊行业及个人

如果说从朋友那里打听来的信息都说不错，他会再次约你，和你好好聊聊。他会和你深聊，还是路演的问题，但聊得会比较深。还有很重要的一点是，他会和你聊你本身。你老婆干什么的，你老家在哪儿等一些个人问题，从更多维度深入了解你个人的品质、资源、个性、能力等方面的信息。

5. 寻找合投方

如果项目和人相关的信息都不错，决定要投资了，那么到这个阶段，大部分投资人都有自己的圈子。他会去找一些合投方，汇聚资源，分担风险。

6. 签订投资协议

合投方确定了，那么就是确定估值，签订协议。

7. 打款

最后是打款。

天使投资人的行事方式大体如上所述。但天使投资人，经常极具个性。很多人会有异于常人的考察和看待事物的方法。他们对于投资，有的时候可以很率性。是否投资你，很可能就是一时的拍脑门。过了那个热度，也许就不会感兴趣了。

9.3 天使投资人从哪里来

说了一大堆天使投资人的操作步骤，我们还不知道天使投资人是哪里来的呢！其实，世界上本没有天使，他们基本上都是在这三五年内转型而来的。他们主要来自以下四个方面。

1. 上市公司高管

雷军、徐小平等大牌投资人，之前都是在金山、新东方、腾讯等上市公司任职高管职位。

之前可能自己被天使投资过，赚了不少钱。被别人成就过，现在自己成功了，想要成就一下更多的人。自己本身又懂行业懂资源，对自己做事业已经不感兴趣了。开始想着去成就别人，做做天使投资也玩一把。自己也实现了财富自由，就算投资失败，赔个几百万元也不会有太大问题。所以，他们愿意承担这个天使风险，就做起了天使投资人。

2. 企业家

传统企业家是这几年才开始做天使的。真正的企业家赚钱是很不容易的。他们会比较谨慎，不会像互联网公司的投资人投资那么快，那么容易给钱，他们更看重风险。

他们大多会投资自己熟悉的行业，自己本行业产业链相关的早期项目。

事实上追溯起来，企业家型天使投资，已经是很久远的事情了。

所有大产业集团的企业家都在做天使投资。

3. 富二代

富二代阵营也是在中国非常活跃的天使投资力量。

比如，我爸是做钢铁的，或者是开煤矿的，我本身也在美国留过学。

回到中国，一些烦琐的小事不爱干，做天使投资还挺时尚，感觉很“高大上”，就开始做天使了。

典型代表是我们的王思聪同学。他所在的普思投资也投资得不错，根据自己的爱好“玩游戏，玩娱乐”来做游戏、娱乐产业的天使投资。爱好加上专业的团队，再加上万达在背后的资源体系的支持，成功概率是比较高的。

4．职业投资人

还有相当数量的天使投资人，比如，当年在 IDG 的李丰，当年在达晨的付哲宽，他们是自己曾经在投资公司打工，觉得赚不到多少钱，或者自己汇聚的资源足够多了，干脆自立门户成立了新的投资公司。

一般来讲，只有这四条渠道出来的投资人是最正宗的天使投资人。当然，如果随便有个人中了彩票，不知道如何花钱，想把钱拿出来做投资，学习一些相关的知识，一样可以做天使投资人，知识不是门槛，但钱的多少，确实能决定一个人自身是否能做天使投资人。具备知识，没有钱，大概就会到投资机构当个投资经理之类的。

9.4 投资机构怎样把钱给你

一般天使投资人的投资额度都不是很高，少的可能几万几十万元，多的可能有上百万元就不错了。如果融资额度超过 500 万元，在 500 万元 ~ 1000 万元的额度，一般个人天使投资人不投这么大笔资金，主要是风险太大，这就需要投资机构的帮助了。投资机构投资企业的流程同天使投资人投资的过程类似，只是稍有差别，同样大体分为七个步骤。

1．接触项目

同天使投资人的情况一样，一般是项目征集、路演接触等途径。

2. 公司立项

同天使投资人的情况不同，投资机构的第二步是要在公司内部讨论，各个合伙人、投资总监进行立项筛选，确定立项以后才会进一步接触、了解。

3. 和创业者深聊行业及个人

一般情况是由投资总监与项目负责人接触，深入了解情况、聊项目、聊看法、聊发展等。

4. 尽职调查

由中介机构在企业的配合下，对企业的历史数据和文档、管理人员的背景、市场风险、管理风险、技术风险和资金风险做全面深入地审核。也就是看看你提供的资料是否属实，看看同行业竞争的激烈程度，主要竞争对手的情况，市场专家对于这个项目的认可度等。

5. 公司投资决策会表决

在尽职调查结束后，如果没什么问题，机构投资需要集体决策，也就是通常所说的“过会”。其中，需要特别注意的是无论调查的结果如何，投资机构的老大也就是总裁、合伙人拥有一票否决权。没有为什么，只要他不喜欢，那就不投。所以，从这里可以看出，尽职调查的目标是说服决策委员会，而不是说服投资公司的老大、合伙人。

6. 签订投资协议

7. 打款

投资机构因为通常花的不是自己的钱，要对金主负责。所以，在程序上经常会比较严谨，必须要走的程序就一定要走全。毕竟投资机构不是慈善机构。

9.5 投资机构从哪里来

前面我们了解了天使投资人从哪里来，那么以前也并不存在投资机构。投资机构是从哪儿来的呢？国内的投资机构大体是从以下四个地方来的。

1. 美元基金（国外投资公司分部）

美元基金是舶来品，国内的软银中国、红杉中国、IDG 等基金，事实上是国外公司在中国的分部而已。他们按照行业的划分来投资，根据以往在国外的经验，直接选择国内最优秀的企业进行投资。比如，在国外投资了谷歌，那国内谁做搜索？把做搜索的都投一遍。在国外投资过电子商务，那么到了国内，国内谁做电子商务，都投一遍。因为产业规律基本一样，按照固有的商业逻辑直接投就行，只要找一个中国本地版就可以了。

这是最正宗的投资机构。

2. 国内本土机构（转型而来）

中国的投资必须要有中国人来管理，中科招商、九鼎、深创投、达晨创投等投资机构，就是模仿和学习国外的投资机构的运作模式成立的。早期也很简单粗暴，达晨和九鼎主要投 PRE IPO 项目。当年创业板横空出世，造就了一批上市公司。比如，达晨找到深圳市金融办，他们有个职能是上市培养、孵育企业。非常简单，找深圳的民营企业，说你们都要上市。投资机构按找这些公司名单，直接把负责人找来都聊一遍。只要工业化流水作战，看清数据，投就行了。

3. 产业投资

现在腾讯也在做投资，百度也在做投资。当一家公司已经足够大，靠本身内部去做创新，再发展成团队，压力会很大。其实，他们本身不需要自己去干，他们掌握了这么多资金和资源。谁干得好直接去投资就可以了。这个模式在很多行业都可以用。比如，医疗健康、网络游戏等。

现在产业投资机构也渐渐发展起来了。当初都是公司内部的投资部门，干得好了就变成了独立的投资公司了。

4. 政府引导投资机构

政府也会出现一些投资机构。达晨、深创投都有政府背景，江苏高科投、新疆高科投、湖南高科投，这些都是国企性质的。他们基本上是通过政府资源，能够优先投资到拟上市公司里。往往在市场上不是那么活跃，但实力却十分雄厚。

当然，也有可能有一大群有钱人，自己懒得做投资人，就干脆成立一个新公司，雇佣有专业知识的人才，来进行项目筛选和投资决策。自己乐得做幕后老板，也是可以的。

9.6 解决四大疑惑后，天使投资人马上投钱

这是每个人特别兴奋，特别想解决的问题，是创业者从创业第一天开始的第一个梦想。简单来说，就是只要你能解决如下四个问题，天使投资人肯定是会把钱投给你的。

9.6.1 高成长行业

天使投资人投的是未来，一定在未来有高成长。毕竟，投资的最终目的是企业的发展壮大，最终赢利。所以，没有成长前景，只是苦苦支撑的企业是没有可能拿到天使投资的。

9.6.2 巧妙的切入点

高成长的行业很多，你想拿到投资的人的投资，凭的是什么呢？一定是你所具备的一个巧妙的切入点。以这个点切入高成长行业，从而获得快速成长的可能。

9.6.3 最佳的进入时机

这个时机也就是大家所谓的风口，现在互联网金融这么火，如果刚火你就做，那就是最佳时机，火了以后就不见得了。时机不常有，一旦拥有，天使投资人的钱，也就更容易投出来。

9.6.4 创始人身上富集精英元素

天使投资人说白了，都是投资人的。投什么样的人呢？能成功的，一定是社会精英。1 个还是 10 个？

天使投资人各自有各自的标准，笔者抽取出来，总结为五点：成功经验、人实在、有激情有梦想、有韧性、真诚。

1. 成功经验，这一点非常重要，能在 3 到 5 年的时间驾驭自己的公司，经历各种风浪，屹立不倒的人，心理素质一定比较高。没有很强的心理素质，心理素质比较高，有过成功经验不代表一定能成功。有过成功经验，在做事的时候，有很多被验证的方法和逻辑。

2. 人实在，很多投资人其实非常看重这一点。很多创业者常规地认为，我只要表现出我很聪明不就行了吗？事实上，能做一个企业的创始人，聪明是肯定会具备的。但是，大智若愚，尤其在早期阶段，特别重视，这种素质能让你快速地获得很多资源。第一眼看上去特别聪明，客户和合伙人都会有这种感觉。获得核心资源的成本高低会受到影响。会不会被骗被忽悠，能感觉到你这个人的道德底线在哪里。

3. 有激情有梦想，激情只是外在燃放的表现，激情的背后是要有一个梦想作为发动机，激情来自于梦想。

4. 有韧性，没有哪家公司不经风浪就会走向成功。遇到困难就不行了，没人会放心把钱投给你。

5. 真诚，真诚和实在是在一起的，真诚的人才能聚集一帮强大的合伙人。这个人怎么样，会决定这个人周边是否能留住优秀的人。

这些精英元素越多越好。

9.6.5 案例分析

聚焦高成长：老龄化趋势助养老健康品牌“康壹科技”京东众筹两小时破千万元。

北京康壹国际健康科技有限责任公司创立于 2014 年。康壹公司于 2015 年研制出“康壹宝”智能穿戴设备，作为一款定位于空巢老人的亲情沟通与健康管理的可穿戴设备，康壹宝产品采取一键式按钮无屏设计，降低使用者操作难度，专门适合老年人佩戴；界面操作简单、易懂；表带具有独特柔性纤维带，给予老年人最舒适的感受。

2015 年智能穿戴项目已经算不上新奇产品，但康壹科技创始人段然敏锐地将社会老龄化趋势同智能硬件产品开发相结合，依托自身优势，快速推出专门适合老年人佩戴的智能产品。并果断采用京东众筹平台，实现快速融资，上线仅两千小时，融资额即突破千万元。立刻引爆整个互联网，成为经典众筹成功案例。

2015 年 12 月 2 日，“康壹科技”京东股权融资成功举办发布会。快创导师国泰创投合伙人吴雪秀、快创商学院创始人尹立志出席祝贺，同庆祝康壹科技成功融资 1000 万元。

好好学车 APP 以最佳时机切入移动互联网驾校市场。

创业项目切入市场的时机，通常对于项目成功会有很大影响。

2015 年 4 月 16 日快创商学院李卓桓 1 班开学，其中，有一名创业者名叫王建军。此时的王建军，刚刚开始创业，创业项目尚未成型。其后不久，恰逢驾校改革潮到来。王建军毅然决定杀入互联网驾校行业，结合移动互联网开发应用 APP。

2015 年 11 月 23 日，北京移动互联网驾校“好好学车”团队宣布，完成人民币 800 万元的天使轮融资，本次融资由 e 袋洗发起的众创共享基金领投，征和惠通基金跟投。

半年多的时间，王建军以切身经历证明，看准时机，占据先发优势，在竞争激烈的互联网驾校行业，披荆斩棘，成功崭露头角，并获得了投资人的赏识和大笔天使投资。好好学车 APP 截至 2015 年年底已经在北京、深圳、广州、厦门、泉州、福州等区域市场展开业务。上线一个月，就已拥有 1500 多名学员，日均订单量超过 320 单，预计 2016 年平台交易总额超过 13 亿元人民币。

9.7 两个小技巧，让投资机构求着给你钱

在同天使投资人或投资机构打交道的时候，可能会遇到项目本身没什么问题，人也看着还行，但是，却迟迟下不了决心，没能决定投资。或者说是准备投资了，却一直都没签协议，没打款。如何加速这个过程呢？这里介绍两个小技巧，可以让投资人和投资机构，求着把钱快点给你。

9.7.1 其他机构的背书

我们在做投资人培训的时候，在投资了几百个项目后，总结这些项目，最终是什么原因决定马上投资的呢？结果是有一半以上的投资机构的项目，不是按照之前已经说过的正规流程走的。有一半以上的项目，是说这个项目特别好，想投，但并没下定决心。但有三个投资机构已经决定要投了，有两个投资机构已经签了协议了，如果我们不在一周之内做决定，就没有机会了。

这样内部投资决策委员会说：好呀，赶紧投。你看，小米当初没投吧，没有机会了。这个又是这个行业必定会发展起来的项目，如果再不投，

那就又错过这个机会了。

这确实是会存在的现象。特别好的项目，他的投资周期和窗口期是比较短的。特别好的项目，一个月就搞定投资了，稍微差点的花三个月。如果已经发展起来了，那为什么还要你的钱呢？

即便要，估值可能也已经翻一番了。

投资机构被这种事情深深地伤害过很多次。他们要做这种决策需要两个催化剂，第一个催化剂是安全。

安全就是别的投资机构的背书。这个项目 IDG 投的天使，经纬和红杉要投 A 轮了，这样就安全了，他们都调查过了，前景和团队发展都有人做好调查了，安全有了更多保障。

9.7.2 有人在抢

光有安全保障还是不够的，项目本身还要好。说有人在抢，还要有其他投资机构在抢，好项目都在抢着投。好项目开放的融资额度是有限的，如果有更多的机构投，那蛋糕够分还好，如果蛋糕已经被人分走了，那你就投不了了。先下手为强在投资界也一样。

所以，如果有知名机构给你背书，有更多投资机构在看，在抢着投，那么肯定能大大加快投资决策进程。不然就是让你等着，看他什么时候真能下定决心，或者把你的项目拿给足够多的合投方，一起下决心。

9.8 必须了解的三个融资潜规则

看了大标题别害怕，这里不是娱乐圈，没有黑幕。笔者这里要说的，其实是对之前很多人看不透，看不清，搞不明白的问题的解析，以避免大家在融资时遇到了发懵，快速解读明白，加以调整，更好地拿到融资。

9.8.1 投资人其实在 3 分钟内就决定了投资与否

现在投资机构很多，投资过的项目更多。有的投资成功了，有的投资失败了。但只有项目投失败了，才能看出投资机构的水平。

好项目都一样，烂项目，各有各的烂。

投资人看项目看多了，好项目烂项目什么样，其实已经了然于心了。以至于大多数投资人都养成了第六感，凭借对创业者的长相、气质、语言水平、语速、表达逻辑、思考方法、思维高度的体会，心里会有一个参考模型。

人的内心其实是一个非常庞杂的计算器。比所有已知理论综合在一起都复杂。有经验的投资人在看项目第一眼时，就会产生一种认知，一种感觉。就会对这个项目产生一种判断，到底这个项目是靠谱还是不靠谱，到底想不想投资。

这个决定，基本上在 3 分钟内就定下了。

当然，即使定下了要投给你，他后面还是会跟你聊。聊你这个项目的各种细节，这个行业你怎么看，你的竞争力在哪儿？

他在做什么呢？他在印证，印证自己的判断。每一次印证都会坚定他投资给你的信心。

如果投资人第一眼没有看上你，那你后面想说服他就非常难。投资人根本不是被说服的。除非你后面有巨大的转折和变化，或更有力的内容呈现。

9.8.2 能拿到早期投资，最重要的一点靠的是什么

这个问题不绕弯子，拿到早期投资，最重要的一点是：靠关系。

原因很简单。数据在这里摆着，初创公司 90% 以上都要死，商业模型一直在变，根本靠不住，最重要的还是靠人。天使投资机构，在项

目水平同等的情况下，一定是投自己熟悉的人。

好的项目都是抢着投完的，你们要抢好的合伙人，好的合伙人也都是被抢的。天使投资基本上就是因为看好你这个人，才决定投资的。如果你失败了，即下一个项目，他们有优先投资权的。理论上，他下次投资你，比上一次成功的概率更高。这就是一种非常科学的，非常划算的投资决策。

怎么和投资人搞好关系呢？

首先，先看出身，稍微年长的人，身边怎么都有个投资人好朋友。

如果你还不能和投资人混个好关系，那可能就是你没有太多优点，没有太多精英元素，别人喜欢不了你。说得难听一点，就是你这个人不行。

人是所有社会资源和商业关系的总和。对你这个人的认可，不仅是因为你长得好看，不仅是你搞这个事特别专业，也不仅仅是因为你特别会搞关系。

从自身素质、人品、商业敏感度、交际能力、管理能力、营销能力等各个方面，获得更多人的认可，你获得投资就不是太难的事情。

简单介绍几个和天使投资人搞好关系的方法。

一是谦虚，接触的每一位投资人都是你的一次交往机会，保持谦虚的心态，对你没坏处。

二是朋友介绍，这是最靠谱的机会。多和好朋友交流的同时，通过有朋友背书的社交网络结交更多的投资人朋友，是发展人际关系，融入圈子的最靠谱的机会。

三是加入社群，这是时下成本最低的方式。你需要社群，快创商学院就是创业者和投资人社群。人是不是靠谱，是要通过具体的事情来体现的。参加各种社交活动，展现个人魅力和能力，是你搞好人际关系的好方法。优秀的投资人都愿意和你交流分享。这些好的老师，不是一位投资人，是一群投资人，进入投资人的圈子，自然可以认识更多投资人，交更多投资人朋友。

开放你友好交往的接口，运营好你和投资人圈子的关系，是快速获得融资的最重要元素。

9.8.3 机构投资的项目负责人跟你在同一条战线上

很多人觉得同投资机构的项目负责人打交道挺难的，需要自己不断地去说服对方，好像双方站在对立面。其实，事实的真相根本不是这样。认为机构项目负责人和你站在对立面的想法会出现，是你根本不了解机构投资项目负责人的宿命。

天使投资机构的投资负责人，他们所掌管的钱不是自己的。是投资机构募资过来的，他们是在管理别人的钱。公司有好几个合伙人，和很多个找项目的投资经理。

投资投败了，没关系，不是个人的责任和问题，因为投资机构的投资都是团队决策，不由个人承担风险。不然谁敢投啊？

投资成功了，是个人的判断力起作用，是个人的成功。“我当年就觉得 ×× 能行，所以投了他。”

这样问题就来了。如果你是投资机构，你的账上趴着 20 亿元，要去投资项目，那么你的决策，主要利益诉求是什么呢？是多投项目，分担风险。总有好项目能成功，把失败的损失补回来就好。

项目能不能成功，不是你决定的。你只能是在判断力上提高点，对行业动态了解再加深一些，增加投资概率。

各个投资机构里的合伙人，都在抢着把钱投在自己比较看好的项目里。真的想投资的投资总监、合伙人，能和你聊三次以上，他就已经很喜欢你了。事实上，公司里的钱投给你了，你和他都会很开心，你获得了投资，他获得了一个可能成功的项目，和对自己判断力的认同。

失败了不影响自己的声誉，不影响自己的收入。所以，一旦项目负责人对你感兴趣，想投你，你们已经站在同一战线上了。

你们拥有共同的目标。他需要写出一份漂亮有说服力的投资报告。让机构里的人把钱马上给你。你和他不是敌我矛盾。你们共同的敌人，是公司里的投资决策委员会。

他当然不会和你说得特别直白，但你们一定要明白，一定要团结。他应该是你的大哥，你的老师，你的战友。投资机构的人，也需要和优秀的你做朋友。他们需要你对行业敏感度的理解和专业性的理解，以后还可能会有问题交流和沟通。

你们之间，绝对不是这一次投资的一锤子买卖。也有和 UC 浏览器的俞永福一样，从联想跳过来，直接做你的合伙人的。

你要明白，他在表面上调查、考察，其实是战友。公司没投你，他一样痛苦。

团结更多战友，列潜在投资人清单。

既然天使投资人和投资机构的项目负责人和你是战友，你就应该多团结一些战友，才会对你赢得投资更有帮助。

平均一个创业者拿到融资，需要见 40 个投资人才能让钱到手。

你见过吗？

这还是真正手里有钱的投资人，不是走马观花看热闹的人。

你们做得到吗？

拿投资这条路是很难走的，需要充足的准备。

融资就像谈恋爱，是需要表白的。

往往找对象没那么难，需要大量的匹配。

1 个投资机构不行，10 个，10 个不行 50 个，50 个不行，100 个……

一定有一家投资人“瞎”了眼，一定能有人投资你。每次见过投资人以后，都问一下，能不能给个建议啊？

见过 100 个投资人后，你已经在与这 100 个投资机构的交流中，磨炼成一个投资专家和产业专家了。下一次见投资人，还有什么问题是你想不到的，是你解答不了的呢？

如此简单的事情，并不是所有人都能做到。

大部分人都死在了 1~50 的路上。

因为，拿投资，太累了，太难了。

创业的你，要加油了！

9.8.4 案例分析

百炼成钢的“销售家”蒲世林

Sales+

移动 APP“销售家”创始人蒲世林。在其创业初期，凭借自己多年在销售行业的丰厚资源，决定做一款销售行业最有用的人力资源平台。但是运气不好，蒲世林东奔西走，几个月见了几十个投资人，却没有一个投资人给他投钱。这让蒲世林十分沮丧。2015 年，在快创商学院创始人尹立志的一次辅导中，终于豁然开朗，开始列潜在投资人名单，并以交朋友的心态开始同投资机构的项目负责人和天使投资人交朋友。说来也是巧合，当蒲世林见了第 50 个投资人的时候，英诺天使基金的创始合伙人，也是快创商学院的创业导师李竹，决定投资“销售家”。终于圆了蒲世林创业路上的天使梦。如今，蒲世林的创业项目正在准备第三轮融资，融资之路对他来说，丝毫没有陌生感。可想而知，在和那么多投资人打过交道以后，蒲世林俨然成为了一名投资专家。

9.9 科学的估值与合理的股份出让

9.9.1 企业估值的密码

估值的重要性贯穿于风险投资的过程。风险投资者在决定是否要投资一个公司时，往往会根据该公司在新资本进入之前的价值来判断，而这个价值被称为投前价值。这种估值主要是通过该公司新的投资者和现有股东之间的协商来决定，一般反映了该公司的发展前景。在公司做得很好的情况下，现有的股东也许能够建立一个反映投资溢价的投前价值（以此反映他们所创造的价值）。如果公司正面临着失败，那公司的拥有者可能得接受一个小于之前几轮投资的估值（意味着公司原有的价值已被破坏，或者公司此轮的风险比上一轮更大）。股权表可以用来跟踪这些转换及各投资公司的持股比例。

公司的估值一般就是以投前估值和投后估值来计算的。简单来说，投前估值指的是公司在拿到投资之前的估值。

投前估值 = 当前每股价格 × 交易前股数

投后估值指的是公司在最近一轮融资之后的价值。

投后估值 = 当前每股价格 × 投后股数

投后估值与投前估值的区别在于公司在新一轮融资所发行的股数。因此，我们也可以这样计算。

投后估值 = 投前估值 + 新投入金额

在计算投前和投后估值时，是否将新增加的员工期权池算在内是无所谓的。

在笔者接触的创业者中，大多数是第一次接触天使投资，网上的报道也只是通报融资结果。创业者对自己公司的收入利润虽然很清楚，但是，自己公司在资本市场值多少钱，大多数人并不知道。另外，每个投资机构使用的估值方法各不相同，一般也不会公开。创业者天马行空地说，投资人一看是个门外汉，投资的欲望也就小了，导致很多好项目没有拿到投资。

下面根据笔者的工作经验向大家介绍常用的估值方法和股权出让方法。

9.9.2 公司估值常用的四种估值方法

且说估值，从字面意思就可以理解出，这个价值本身的不确定性。在不同的估算方法下，最终得出的数值很可能完全不同。

因此，选择适合的估值方法，也是企业在融资之前必须要做的事情。下面，笔者来介绍四种常用的估值方法，供各位参考。

1. 现金流折现法

这是一种较为成熟的估值方法，通过预测公司未来自由现金流、资本成本，对公司未来自由现金流进行贴现，公司价值即为未来现金流的现值。

在商业领域用钱来说话是较为有说服力的。一是自己手上有的钱，二是即将获得的钱。把这些金融数据用系统的方法折算起来，再以此为依据，估算企业的整体价值，就较为有说服力了。

在现金流折现的过程中，除了要了解折现率以外，还需要了解的一个名词就是：贴现率。

贴现率是处理预测风险的最有效的方法，因为，初创公司的预测现金流有很大的不确定性，其贴现率比成熟公司的贴现率要高得多。寻求种子资金的初创公司的资本成本也许为50%~100%，早期的创业公司的资本成本为40%~60%，晚期的创业公司的资本成本为30%~50%。对比起来，更加成熟的经营记录的公司，资本成本为10%~25%。

2. 可比公司法

很多初创公司，现金流并不很强大，订单也可能不多。尤其在创新创业领域中，很多有价值的东西都是创意层面的。一些无法简单计算其价值的项目，可以参考同类公司进行对标比较。张三的公司和李四的公司类似，张三的公司现在的规模达到了多少，那李四也可能达到这个价值。这种参照对标公司的比较，其中的核心是如何选择对标公司。

当前的投融资领域，这种也比较常见，首先要挑选与公司同行业可比或可参照的上市公司，以同类公司的股价与财务数据为依据，计算出主要财务比率，然后，用这些比率作为市场价格乘数来推断目标公司的价值，比如P/E（市盈率，价格/利润）、P/S法（价格/销售额）。

在国内的风险投资（VC）市场，P/E法是比较常见的估值方法。通常所说的上市公司市盈率有两种。

历史市盈率（Trailing P/E），即当前市值/公司上一个财务年度的利润（或前 12 个月的利润）。

预测市盈率（Forward P/E），即当前市值 / 公司当前财务年度的利润（或未来 12 个月的利润）。

投资人是投资一个公司的未来，是对公司未来的经营能力给出价格，所以，他们用 P/E 法估值就是：公司价值 = 预测市盈率 × 公司未来 12 个月利润。

公司未来 12 个月的利润可以通过公司的财务预测进行估算，那么，估值的最大问题在于如何确定预测市盈率。一般说来，预测市盈率是历史市盈率的一个折扣，比如说 NASDAQ 某个行业的平均历史市盈率是 40，预测市盈率大概是 30 左右，对于同行业、同等规模的非上市公司，参考的预测市盈率需要再打个折扣，为 15~20 左右，对于同行业且规模较小的初创企业，参考的预测市盈率需要再打个折扣，就成了 7~10 了。这是国内主流的外资 VC 投资对企业估值的大致 P/E 倍数。比如，如果某公司预测中小企业融资后下一年度的利润是 100 万元，那么公司的估值大致就是 700 万元 ~1000 万元，如果投资人投资 200 万元，则公司出让的股份大约是 20% ~35%。

对于有收入但是没有利润的公司，P/E 就没有意义，比如，很多初创公司很多年也不能实现正的预测利润，那么可以用 P/S 法来进行估值，大致方法跟 P/E 法一样。

3. 可比交易法

可比交易法同可比公司法类似，只是参照可能会更深入、更具体。如果各项参考数据均相差不多，时间相距又不是很久远，那其参考价值还是十分高的。

挑选与初创公司同行业，在估值前一段合适时期被投资、并购的公司，基于中小企业融资或并购交易的定价依据作为参考，从中获取有用的财务或非财务数据，求出一些相应的中小企业融资价格乘数，据此评估目标公司。

比如，A 公司刚刚获得中小企业融资，B 公司在业务领域跟 A 公司相同，经营规模上（比如收入）比 A 公司大一倍，那么，投资人对 B 公司的估值应该比 A 公司估值高一倍左右。再比如分众传媒在分别并购框架传媒和聚众传媒的时候，一方面以分众的市场参数作为依据，另一方面，框架的估值也可作为聚众估值的依据。

可比交易法不对市场价值进行分析，而只是统计同类公司中小企业融资并购价格的平均溢价水平，再用这个溢价水平计算出目标公司的价值。

4. 资产法

资产法是假设一个谨慎的投资者不会支付超过与目标公司同样效用的资产的收购成本。

这个方法给出了最现实的数据，通常是以公司发展所支出的资金为基础。其不足之处在于假定价值等同于使用的资金，投资者没有考虑与公司运营相关的所有无形价值。另外，资产法没有考虑到未来预测经济收益的价值。所以，资产法对公司估值，结果是最低的。

在以虚拟资产为主的文化创意产业中，资产法会为融资带来很大压力。而对传统的制造业、加工业、工矿业、房地产业来说，资产法是十分简单易行的估值方法。

9.9.3 合理的股权出让

前面花了大力气计算估值，目的其实就是为了在融资时，确定融资额度和股权比例之间的关系，使交易有章可循。

一般风险投资早期投资项目回报要求是 10 倍，扩张期 / 后期投资的回报要求是 3~5 倍。

估值也要考虑投资人的增值服务能力和投资协议中的其他非价格条款，最重要的一点是，时间和市场不等人，不要因为双方估值分歧而错过投资和被投资机会。有的时候，估值低一点能早一点拿到融资，快速把公司发展起来，以高成长性去进行下一轮融资，也可能会是更好的选择。

如果已经决定要做股权融资，或是准备做多轮股权融资，那么股权出让比例就需要提前做好计划。

合理的股权出让如下。

如果投资人给被投资公司一个投资前估值，那么通常他要求获得的股份就是：

投资人股份＝投资额 / 投资后估值

比如，投资后估值为 500 万元，投资人投 100 万元，投资人的股份就是 20%，公司投资前的估值理论上应该是 400 万元。

但通常投资人要求公司拿出 10% 左右的股份作为期权，相应的价值是 50 万元左右，那么，投资前的实际估值变成了 350 万元：350 万元实际估值 + 50 万美元期权 +100 万元现金投资 = 500 万元投资后估值，相应的，企业家的剩余股份只有 70%。

风险投资行业都是要求期权在投资前出，所以企业家唯一能做的是尽量根据公司未来人才引进和激励规划，确定一个小一些的期权池。

相信通过以上科学的估值方法和合理的股权出让，创业者在做股权融资的时候，就能摸到一些门道，不至于被人牵着鼻子走。

9.10 国内可以利用的资本市场：多层次资本市场

在资本市场上，不同的投资者与融资者都有不同的规模大小与主体特征，存在着对资本市场金融服务的不同需求。投资者与融资者对投融资金融服务的多样化需求决定了资本市场应该是一个多层次的市场体系。

我国资本市场从 20 世纪 90 年代发展至今，资本市场已由场内市场和场外市场两部分构成。其中，场内市场的主板（含中小板）、创业板（俗称二板）和场外市场的全国中小企业股份转让系统（俗称新三板）、区域性股权交易市场、证券公司主导的柜台市场共同组成了我国多层次资本市场体系。

9.10.1 主板市场

主板市场也称为一板市场，指传统意义上的证券市场（通常指股票市场），是一个国家或地区证券发行、上市及交易的主要场所。主板市场对发行人的营业期限、股本大小、赢利水平、最低市值等方面的要求标准较高，上市企业多为大型成熟企业，具有较大的资本规模及稳定的赢利能力。

2004 年 5 月，经国务院批准，中国证监会批复同意深圳证券交易所在主板市场内设立中小企业板块。从资本市场架构上也从属于一板市场。

中国主板市场的公司在上交所和深交所两个市场上市。主板市场是资本市场中最重要的组成部分，很大程度上能够反映经济发展状况，有“国民经济晴雨表”之称。

9.10.2 二板市场

又称为创业板市场（Growth Enterprise Market，GEM），是地位次于主板市场的二级证券市场，以NASDAQ市场为代表，在中国特指深圳创业板。在上市门槛、监管制度、信息披露、交易者条件、投资风险等方面和主板市场有较大区别。其目的主要是扶持中小企业，尤其是高成长性企业，为风险投资和创投企业建立正常的退出机制，为自主创新国家战略提供融资平台，为多层次的资本市场体系建设添砖加瓦。2012年4月20日，深交所正式发布《深圳证券交易所创业板股票上市规则》，并于5月1日起正式实施，将创业板退市制度方案内容，落实到上市规则之中。

9.10.3 三板市场

NEEQ（National Equities Exchange and Quotations），全国中小企业股份转让系统，是经国务院批准设立的全国性证券交易场所，全国中小企业股份转让系统有限责任公司为其运营管理机构。2012年9月20日，公司在国家工商总局注册成立，注册资本为30亿元。上海证券交易所、深圳证券交易所、中国证券登记结算有限责任公司、上海期货交易所、中国金融期货交易所、郑州商品交易所、大连商品交易所为公司股东单位。

1. 上市好处

（1）资金扶持：各区域园区及政府政策不一，企业可享受园区及政府补贴。

（2）便利融资：新三板（上市公司）挂牌后，可实施定向增发股份，提高公司信用等级，帮助企业更快融资。

（3）财富增值：新三板上市企业及股东的股票可以在资本市场中以较高的价格进行流通，实现资产增值。

（4）股份转让：股东股份可以合法转让，提高股权流动性。

（5）转板上市：转板机制一旦确定，公司可优先享受“绿色通道”。

（6）公司发展：有利于完善公司的资本结构，促进公司规范发展。

（7）宣传效应：新三板上市公司品牌，提高企业知名度。

2. 上市条件

（1）依法设立且存续（存在并持续）满两年。有限责任公司按原账面净资产值折股整体变更为股份有限公司的，存续时间可以从有限责任公司成立之日起计算。

（2）业务明确，具有持续经营能力。

（3）公司治理机制健全，合法规范经营。

（4）股权明晰，股票发行和转让行为合法合规。

（5）主办券商推荐并持续督导。

（6）全国股份转让系统公司要求的其他条件。

9.10.4 四板市场

区域性股权交易市场（下称“区域股权市场”）是为特定区域内的企业提供股权、债券的转让和融资服务的私募市场，一般以省级为单位，由省级人民政府监管。是我国多层次资本市场的重要组成部分，亦是中国多层次资本市场建设中必不可少的部分。对于促进企业特别是中小微企业股权交易和融资，鼓励科技创新和激活民间资本，加强对实体经济薄弱环节的支持，具有积极作用。

全国建成并初具规模的区域股权市场有青海股权交易中心、天津股权交易所、齐鲁股权托管交易中心、上海股权托管交易中心、武汉股权托管交易中心、重庆股份转让系统、前海股权交易中心、广州股权交易中心、浙江股权交易中心、江苏股权交易中心、大连股权托管交易中心、海峡股权托管交易中心等十几家股权交易市场。

1. “新四板”做什么

新四板定位如下。

（1）小微企业培育和规范的园地。

（2）小微企业的融资中心。

（3）地方政府扶持小微企业各种政策和资金综合运用的平台。

（4）资本市场中介服务功能的延伸。

2. 业务范围

以债信融资、并购重组为重点，逐步带动股权融资。

3. 业务模式

以中介服务为主导，积极发挥投行等中介服务功能，在投融资双方个性化需求匹配中牵线搭桥，设计产品，创新投融资模式。

4. 功能定位

服务广大中小型、具备成长性、有价值的企业。

解决更多基础层面企业的融资和改制需求。

为主板市场提供储备。

5. 天交所

天津股权交易所（简称：天交所）是经天津市人民政府批准设立的公司制交易所，2008 年 9 月在天津滨海新区注册营业。在国务院的政策指导下，2008 年 5 月天交所建设纳入“天津市金融改革创新 20 项重点工作”，之后，又列入天津市金融改革创新“重中之重”。2009 年 10 月，经国务院同意批复的《天津滨海新区综合配套改革实验金融创新专项方案》中明确要求："支持天津股权交易所不断完善运作机制，规范交易程序，健全服务网络，拓展业务范围，扩大市场规模。充分发挥市场功能，为中小企业和成长型企业提供高效便捷的股权投融资服务"。

6. 前海股权交易中心

前海股权交易中心（深圳）有限公司（简称：前海股权交易中心）是根据国务院关于大力发展场外资本市场的统一布局、证监会为了拓展多层次资本市场而特许设立的、地方政府监管的新型交易所，也是全方位服务中小企业的新型市场化投融资平台，打造"新四板"。

前海股权交易中心注册资本为11.77亿元，在股东结构上引入国内三家证券公司——中信证券、国信证券、安信证券，采取公司制经营、职业化管理、团队化运营、市场化运作，打造一个与沪深交易所不同的新型资本市场。中心为广大处于初创和发展阶段、尚未走入沪深交易所的中小微企业，提供私募、个性、定制化的金融解决方案，在商业银行和沪深交易所之外，开辟另一个新型融资渠道。

前海股权交易中心已成立20家提供细分市场专业服务的子公司，为来自全国214个城市的9000多家企业在中心挂牌，使42个城市的500多家中小企业累计获得融资124.1亿元。

7. 上海股权托管交易中心

上海股权托管交易中心经上海市政府批准设立，归属上海市金融服务办公室监管，遵循中国证监会对中国多层次资本市场体系建设的统一要求，是上海市国际金融中心建设的重要组成部分，也是中国多层次资本市场体系建设的重要环节。

2012年2月15日，上海股权托管交易中心启动，首批19家企业成功挂牌。

2015 年 12 月 28 日，上海股权托管交易中心“科技创新板”正式开板。首批挂牌的企业共 27 家，其中，包括科技型企业 21 家、创新型企业 6 家，行业覆盖互联网、生物医药、再生资源、3D 打印等 13 个新兴行业。

9.11 通行的资本市场规则

9.11.1 A 轮 VC 重视的数据有哪些

关于天使投资的相关内容在前面已做了深入讲解。

在拿到天使之后，就开启了通往 A 轮的道路，也许还需要再融个 preA 轮，但目标一定是通向 A 轮。

在寻找 A 轮 VC 时，最重要的是产品和相关用户的数据。以下是 VC 通常会想看的数据类别。

1. 用户 / 客户数量
2. 活跃用户数量
3. 日常活跃用户数（DAU）
4. 转化率（访客—用户—付费用户）
5. 从用户得到的平均收入
6. 月收入（如果你有的话）
7. 利润率

当然，拥有漂亮的数据并不能保证成功融资。成功很大程度上取决于市场的时机与条件，以及投资者的特殊喜好。然而，拥有好的数据是一个基本的先决条件。

9.11.2 团队标准

我们寻找渴望成功，痛恨失败，有灵活性，坚韧不拔，并能在团队中工作的人。

——David Chao，Doll Capital Management 创始人和合伙人

团队也是影响投资决策的关键因素。VC 会考察你的高层团队是否拥有所有能使公司成功的核心技能。要突出团队成员的互补能力、个人背景、工作经验、人品等。这些特点都极为关键。

9.11.3 财务预测

“有些怀疑者认为对于一个还没有客户的企业来说，做财务预测是在浪费时间，因为这些预测数据肯定是不正确的。当我看一个初创公司的财务预测时，我也不太关注实际数字。但是，我肯定会去看他们的商业模式，以及他们是否了解他们的行业，是否在追踪关键的业务驱动力。”

——Brad Feld

财务预测对于管理团队来说是非常重要的，因为它能帮助团队理解未来的策略，以及它如何影响你项目的未来走向。

当然，在寻找 VC 时，他们也很有用，因为它们用一个可量化的方式制定公司未来发展方向，而 VC 一般也会希望你能有一个财务预测。虽然 VC 可能不会要求你提供预测的所有细节，但是，能有这样的预测，对于他们来说是很重要的。

因为预测不仅仅是财务预算，而是从一个更“大局”的角度来看问题，我们需要考虑不同的场景。最好考虑三个场景：最好的情况，基本的情况和最糟糕的情况。但你也可以考虑更多的场景。重要的是从做预测的过程中学习，只能根据你的商业模式以及对未来的判断。

简单来说，有多少场景假设并不重要，而重要的是去判断什么才是

你的项目的真正驱动力。围绕这个驱动力做的场景假设才有用。

9.12 思考题

1. 初创企业根据自身项目的特点，可选择的融资方法有哪些？

2. 天使投资人和投资机构投资在程序流程运作上有哪些不同？

3. 为了融资，你见过多少个投资人？现在和这些投资人的关系如何？是否有用心去维护呢？

4. 如果你已经融资成功了，总结一下，你见了多少个投资人之后才融到资的？是否有将融资经验与朋友分享呢？

扫码参与线上讨论

让你的产品迅速卖脱销！
电商图书
旗舰品牌
博文电商
企业+电商一本通
人性传播
客流滚滚
实体店的移动互联网营销革命
各种营销工具玩法全覆盖！各种电商平台全打通！
紧跟微营销流行趋势，有效率地促进实体店交易！
精品电商图书
网络营销推广实战宝典
（第2版）
ISBN 978-7-121-27574-6
第1版获全行业优秀畅销书奖！网络营销看本书就够了！
借势：微营销突围之道
ISBN 978-7-121-28085-6
新媒体运营人员必备技能，让你的品牌在微博、微信中疯传！
财富风口：
互联网+时代的创业投资指南
ISBN 978-7-121-27065-9
下一个财富的风口会出现在哪里？
淘宝、京东、苏宁易购、微店，全平台开店创业全攻略
ISBN 978-7-121-27113-7
在各大电商平台上经营旺铺
Digital Marketing颠覆你的营销想象——金鼠标·数字营销大赛经典案例100集锦（全彩）
ISBN 978-7-121-25848-0
互联网+创意，使营销有趣、有效。
突破微营销
——破译移动互联网密码
ISBN 978-7-121-27411-4
移动互联网全新思维·企业营销人员必读
移动互联网营销宝典
ISBN 978-7-121-24179-6
微信、O2O、二维码、微店……能够落地的移动营销宝典。
引爆新媒体营销
ISBN 978-7-121-27719-1
3大创意方法、7式引爆技巧、4招营销诀窍，助你引爆新媒体，快速营销！
在哪儿可以买到这些书？
线下书店、当当、京东、亚马逊、天猫网店均可购买。